기초 **영어**
중국어
한국어
비교 학습서

기초 영어 중국어 한국어 비교 학습서

최병규 지음

preface(서문)

Currently, English and Chinese are essential languages of the world. However, the current foreign language education is teaching English and Chinese separately, which is inconvenient for those who want to learn both languages. As a liberal arts subject, this textbook will help students develop their various foreign language skills by allowing them to acquire elementary or intermediate level English and Chinese conversation skills at the same time. And this textbook will contribute to cultivating talented people with practical work and expertise through convergence, communication, and glocalization among the eight core competencies of today's universities (personality, self-directedness, practice, professionalism, creativity, convergence, communication, and glocal).

This textbook is a training course that narrows the gap between the three languages by systematically comparing English, Chinese, and Korean, which are essential languages of the world, so that students can speak three languages naturally. In other words, while comparing the basic grammar system and language structure of English, Chinese, and Korean, students discover and recognize the homology and differences of the three languages so that they can speak the three languages naturally through systematic training. In order to speak a foreign language naturally, training to acquire a foreign language naturally through systematic comparison with the mother tongue is essential. Speaking of a foreign language is not unconditionally memorized, but is easily acquired only when the foreign language system is embodied through a fundamental comparison with the language system of the native language. Therefore, the goal of this textbook is to learn three languages more effectively at the same time by comparing Korean and Chinese within the same Hanja region in East Asia, and by recognizing the differences and similarities of three languageses.

Another goal of this textbook is to promote a systematic understanding of the Korean language to Koreans so that they can be future Korean teachers in the world. Currently, as the popularity of Korean language rapidly rises around the world, all Koreans are potential Korean language teachers. Therefore, this course will enhance understanding of Korean as a foreign language for foreigners and Korean as a mother tongue for Koreans. While teaching Chinese to students for many years at the university in Korea, I have always emphasized simultaneous studying with English. This can be said to be the background and motivation to write this textbook.

Under this goal, this textbook adopts a writing method in which all explanations are written in English, Korean, and Chinese. And first, the basic structure of the three languages was analyzed through the process from pronunciation, grammar, reading and writing in Korean, Chinese, and English to basic conversation, so that students could deeply imprint and embody them. Based on this basic understanding, it goes through a systematic and repetitive training process for the use of the corresponding language, for example, by presenting basic sentences in several stages so that students are familiar with them, and then, they create and present sentences that apply them. Through this process, the students are aimed to gain the quickness to speak foreign languages naturally by feeling the basic system of the three languages with their body rather than their head. In short, the goal of this textbook is that students who are afraid to open their mouths because of fear of foreign languages will gain the courage and presentation ability to speak English, Chinese, and Korean naturally without hesitation, and further advance to the world stage with confidence based on strong foreign language skills. It is to provide a foothold to become a talented person with practical work and expertise for the glocal.

(현재 영어와 중국어는 세계인의 필수적인 언어이다. 그런데 현재 외국어 교육은 영어와 중국어를 분리시켜 가르치고 있어 두 언어를 모두 배우고자 하는 이들에게는 불편한 점이 있었다. 본 교재는 교양과목으로나마 학생들에게 초,중급 수준의 영어와 중국어 회화능력을 동시에 획득하게 함으로써 학생들의 다양한 외국어 능력배양에 도움을 줄 것이다. 동시에 이는 오늘날 대학의 8대 핵심역량[인성, 자기주도, 실무, 전문, 창의, 융합, 소통, 글로컬] 가운데 융합과 소통, 글로컬을 통해 실무와 전문성을 갖춘 인재를 배양하는데 일조할 것이다.

본 교재는 세계인의 필수 언어인 영어와 중국어, 그리고 한국어의 체계적 상호비교를 통해 세 언어의 간격을 좁혀 자연스럽게 세 언어를 구사하게 하는 훈련 과정이다. 즉 영어, 중국어, 한국어의 기본적인 문법체계와 언어구조를 비교하면서 학생들이 세 언어의 상동, 상이점을 발견, 인식하여 체계적인 훈련을 통해 세 언어를 자연스럽게 구사하게 하고자 한다. 외국어를 자연스럽게 구사하기 위해서는 모국어와의 체계적인 비교를 통해 외국어를 자연스럽게 체득하는 훈련이 필수적이다. 외국어의 구사는 무조건 암기가 아니라 모국어 언어체계와의 근원적인 비교를 통해 해당 외국어 언어체계를 체화(體化)해야만 쉽게 습득된다. 따라서 동아시아 동일 한자권 내의 한국어와 중국어를 상호 비교해 그 차이점과 유사점의 인식을 통해 외국인에게는 한국어를, 본국인에게는 중국어를 보다 쉽게 접근하게하고, 중국어와 비교적 유사한 언어체계를 지닌 영어도 상호비교를 통해 습득함으로써 세 언어를 보다 효과적으로 동시에 학습하게 하는 것이 본 교재의 목표이다.

본 교재의 또 하나의 목표는 세계인의 필수 언어인 영어와 중국어 능력의 습득은 물론 세계 언어 속 한국어에 대한 체계적인 이해를 증진함으로써 한국인들에게는 미래의 한국어교사가 되기 위한 기본적 소양을 부여함이다. 현재 세계적으로 한국어의 인기가 급부상함에 따라 모든 한국인은 잠재적인 한국어 교사이기도 하다. 따라서 본 과정은 외국인에게는 외국어로서의 한국어, 그리고 한국인에게는 모국어로서의 한국어에 대한 이해를 높힐 것이다. 본인은 그간 대학에서 오랜 세월 학생들에게 중국어를 가르치면서 항상 영어와의 병행학습을 강조하였으며, 이는 본 교재를 집필하게 된 배경이자 동기라고 할 수 있을 것이다.

본 교재는 이런 목표 아래 모든 설명을 영어, 한국어, 중국어로 병행하는 집필 방식을 채택하였다. 그리고 먼저 한국어, 중국어, 영어의 발음, 문법, 읽기와 쓰기부터 시작하여 기본회화에 이르는 과정을 통해 세 언어의 기본구조를 분석하여 학생들이 이를 깊이 각인시켜 체화하도록 하였다. 이런 기본적인 이해를 바탕으로 해당 언어구사에 대한 체계적이고 반복적인 훈련 과정을 거치는데, 이를테면 여러 단계별 기본 문장을 제시하여 학생들이 숙지하게 하고, 다음에는 이를 응용한 문장들을 직접 지어 발표하게 한다. 이런 과정을 통해 학생들은 세 언어의 기본 체제를 머리가 아닌 몸으로 느낌으로써 자연스럽게 외국어를 입으로 구사하는 순발력을 얻게 함을 목표로 하였다. 요컨대 본 교재의 목표는 외국어에 겁을 먹어 입을 열길 두려워한 학생들이 영어·중국어·한국어를 주저함이 없이 자연스럽게 구사하는 용기와 발표력을 얻게 되고, 나아가서는 탄탄한 외국어 능력을 바탕으로 자신감을 가지고 세계무대에 진출함으로써 글로컬

을 위한 실무와 전문성을 갖춘 인재가 되기 위한 발판을 제공함에
있다.)

그림 세계인에게 한국어를 가르치는 세종학당
(King Sejong Institute)의 각종 포스터

목차(content)

Unit 1

한국어 발음
(Korean pronunciation)

The English notation of Korean consonant and vowel pronunciation has not been unified for a long time. However, in 1984, when the Korean Ministry of Education's Korean Romanization system was published, so it is currently the most widely used. The pronunciation of Korean consonants and vowels based on Roman notation(Romani zation) is as follows.

(한국어 자음 모음 발음의 영어식 표기법은 그간 들쭉날쭉하여 통일 되지 못했다. 그러나 1984년 문교부의 한국어 로마자 표기법이 발표 되면서 현재 이것이 가장 많이 사용되고 있다. 로마자 표기법을 기준 으로 한 한국어 자음과 모음의 발음은 다음과 같다.)

1-1. 모음과 자음(vowel and consonant)

ㅏ: 아 [a]	ㄱ: [g, k]
ㅑ: 야 [ya]	ㄴ: [n]
ㅓ: 어 [eo]	ㄷ: [d,t]
ㅕ: 여 [yeo]	ㄹ: [r,l]
ㅗ: 오 [o]	ㅁ: [m]
ㅛ: 요 [yo]	ㅂ: [b,p]
ㅜ: 우 [u]	ㅅ: [s]
ㅠ: 유 [yu]	ㅇ: no sound [ng]
ㅡ: 으 [eu]	ㅈ: [j]
ㅣ: 이 [i]	ㅊ: [ch]
	ㅋ: [k]
	ㅌ: [t]
	ㅍ: [p]
	ㅎ: [h]

자 모	ㄱ g	ㄴ n	ㄷ d	ㄹ r,l	ㅁ m	ㅂ b	ㅅ s	ㅇ ng	ㅈ j	ㅊ ch	ㅋ k	ㅌ t	ㅍ p	ㅎ h
ㅏ a	가 ga	나 na	다 da	라 ra	마 ma	바 ba	사 sa	아 a	자 ja	차 cha	카 ka	타 ta	파 pa	하 ha
ㅑ ya	갸 gya	냐 nya	댜 dya	랴 rya	먀 mya	뱌 bya	샤 sya	야 ya	쟈 jya	챠 chya	캬 kya	탸 tya	퍄 pya	햐 hya
ㅓ eo	거 geo	너 neo	더 deo	러 reo	머 meo	버 beo	서 seo	어 eo	저 jeo	처 cheo	커 keo	터 teo	퍼 peo	허 heo
ㅕ yeo	겨 gyeo	녀 nyeo	뎌 dyeo	려 ryeo	며 myeo	벼 byeo	셔 syeo	여 yeo	져 jyeo	쳐 chyeo	켜 kyeo	텨 tyeo	펴 pyeo	혀 hyeo
ㅗ o	고 go	노 no	도 do	로 ro	모 mo	보 bo	소 so	오 o	조 jo	초 cho	코 ko	토 to	포 po	호 ho
ㅛ yo	교 gyo	뇨 nyo	됴 dyo	료 ryo	묘 myo	뵤 byo	쇼 syo	요 yo	죠 jo	쵸 chyo	쿄 kyo	툐 tyo	표 pyo	효 hyo
ㅜ u	구 gu	누 nyu	두 du	루 ru	무 mu	부 bu	수 su	우 u	주 ju	추 chu	쿠 ku	투 tu	푸 pu	후 hu
ㅠ yu	규 gyu	뉴 nyu	듀 dyu	류 ryu	뮤 myu	뷰 byu	슈 syu	으 eu	쥬 jyu	츄 chyu	큐 kyu	튜 tyu	퓨 pyu	휴 hyu
ㅡ eu	그 geu	느 neu	드 deu	르 reu	므 meu	브 beu	스 seu	으 eu	즈 jeu	츠 cheu	크 keu	트 teu	프 peu	흐 heu
ㅣ i	기 gi	니 ni	디 di	리 ri	미 mi	비 bi	시 si	이 i	지 ji	치 chi	키 ki	티 ti	피 pi	히 hi

〈한국어 자음과 모음의 기본 발음
(basic pronunciation of korean consonants and vowels)〉

1-2. 복모음과 쌍자음(double vowels and conso nants)

* 복모음 *쌍자음

ㅐ: 애 [ae]   ㄲ: [gg, kk]

ㅒ: 얘 [yae]   ㄸ: [dd, tt]

ㅔ: 에 [e]   ㅃ: [bb, pp]

ㅖ: 예 [ye]　　　ㅆ: [ss]

ㅚ: 외 [oe]　　　ㅉ: [jj]

ㅟ: 위 [wi]

ㅢ: 의 [ui]

ㅘ: 와 [wa]

ㅝ: 워 [wo]

ㅙ: 왜 [wae]

ㅞ: 웨 [we]

1-3. 한국어의 구조(structure of korean)

* V(Vowel)
아, 야, 어, 여, 오, 요, 우, 유, 으, 이

* CV(Consonant+Vowel)
가, 나, 다, 라, 마, 바, 사, 아, 자, 차, 카, 타, 파, 하

* VC(Vowel+Consonant)
악[a+k],안[a+n], 앋[a+t], 알[a+l], 암[a+m], 압[a+p], 앗[a+t],
앙[a+ng], 앚[a+t], 앛[a+t], 앜[a+k], 앝[a+t] 앞[a+p], 앟[a+t]

* CVC(Consonant+Vowel+Consonant)
각[k(g)+a+k], 간[k(g)+a+n], 갇[k(g)+a+t], 갈[k(g)+a+l], 감[k(g)+a+m],
갑[k(g)+a+p], 갓[k(g)+a+t], 강[k(g)+a+ng], 갖[k(g)+a+t], 갗[k(g)+a+t],
갈[k(g)+a+t], 갚[k(g)+a+p], 갛 [k(g)+a+t]

1-4. 한국어 발음 연습(practice of korean pronunciation)

류, 륜, 윤, 트, 즈, 저, 그, 너, 느, 서, 울, 거, 시, 지, 허, 혀, 르, 루, 싸, 까, 짜, 짤, 살, 쌀, 애, 액, 얄, 얍, 네, 넬, 달, 닳, 락, 랄, 랑, 벽, 삭, 상, 색, 생, 강, 캉, 프, 퍼, 퍽, 펑, 푸, 풍, 덩, 난, 밤, 밥, 팝, 억, 엌, 발, 빨, 딸, 쏜, 솟, 쏙, 쑥, 짭, 짤, 값, 앉, 밖, 젊(다), 짧(다), 얇(다)

한국어 기본 자모(korean basic consonants and vowels)	
자음	ㄱ·ㄴ·ㄷ·ㄹ·ㅁ·ㅂ·ㅅ·ㅇ·ㅈ·ㅊ·ㅋ·ㅌ·ㅍ·ㅎ
모음	ㅏ·ㅑ·ㅓ·ㅕ·ㅗ·ㅛ·ㅜ·ㅠ·ㅡ·ㅣ
한국어 겹자모(korean double consonants and vowels)	
자음	ㄲ·ㄳ·ㄵ·ㄶ·ㄸ·ㄺ·ㄻ·ㄼ·ㄽ·ㄾ·ㄿ·ㅀ·ㅃ·ㅄ·ㅆ·ㅉ
모음	ㅐ·ㅒ·ㅔ·ㅖ·ㅘ·ㅙ·ㅚ·ㅝ·ㅞ·ㅟ·ㅢ

#중국어와의 비교(comparison with the chinese)

* 한어병음(Chinese Pinyin/ Hanyu Pinyin (漢語拼音[汉语拼音])

Hanyu Pinyin means "Chinese Spell-Out Sound". It is more commonly called "Pinyin" for short. The Pinyin is a Roman-letter based system that uses a series of consonants and vowels to spell out the Mandarin pronunciation of a Chinese character. Because of the existence of this brilliant system to Romanize the Chinese characters phonetically, it opens up the opportunity for foreigners to learn Chinese in a much simpler way with English alphabets that are familiar to many of them.

(한어병음은 "중국어 철자소리"이다. 약칭으로는 "병음"이라고 보통 불린다. 병음은 로마문자를 기초로 만들어졌는데, 중국 한자의 만다린 발음을 읽기 위해 일련의 자음과 모음을 사용한 것이다. 중국 한자를 소리 나는대로 로마화한 이런 훌륭한 시스템이 있기 때문에 외국인들이 중국어를 그들 다수에게 친숙한 영어 알파벳으로 더욱 쉽게 배울 수 있는 기회를 열어주고 있다.)

The Hanyu Pinyin system was created by the Chinese linguists during the 1950s for a Chinese Government project. One of them is Zhou Yaoguang (周有光1906 – 2017) and also known as the "Father of Pinyin (汉语拼音之父)".

(한어병음 시스템은 중국정부의 프로젝트로 1950년대에 중국의 언어학자들에 의해 만들어졌다. 그들 가운데 한 명은 주유광으로 한어병음의 아버지로 알려져 있다.)

1. 중국어 모음[원음](Chinese vowels, 汉语元音)

There are a total of 24 vowels, including 6 single vowels, 9 double vowels, and 9 nasal vowels.

(모두 24개의 모음이 있는데, 거기에는 6개의 단모음과 9개의 복모음, 그리고 9개의 비모음이 있다.)

- Single Vowel: a、o、e、i、u、ü
- Double Vowel: ai、ei、ui、ao、ou、iu、ie、üe、er
- Nasal Vowel: an、en、in、un、ün、ang、eng、ing、ong

a	o	e	i	u	ü
ai	ei	ui			
ao	ou	iu			
ie	ue	er			
an	en	in	un	ün	
ang	eng	ing	ong		

2. Chinese Consonant (漢語拼音[汉语拼音])

Hanyu Pinyin has altogether 23 consonants, including are b, p, m, f, d, t, n, l, g, k, h, j, q, x, zh, ch, sh, r, z, c, s, y and w.

(한어병음은 모두 합해 23개의 자음이 있는데, 여기에는 b, p, m, f, d, t, n, l, g, k, h, j, q, x, zh, ch, sh, r, z, c, s, y와 w가 있다.)

b	p	m	f
d	t	n	l
g	k	h	
j	q	x	
z	c	s	r
zh	ch	sh	
y	w		

汉语拼音字母表

声 母

b p m f　d t n l
g k h　j q x
zh ch sh r　z c s
y　w

单 韵 母

a　o　e　i　u　ü

复 韵 母

ai ei ui ao ou iu ie üe (er)

前 鼻 韵 母

an　en　in　un　ün

后 鼻 韵 母

ang　eng　ing　ong

整体认读音节

zhi chi shi ri zi ci si
yi　wu　yu
ye　yue　yuan
yin　yun　ying

b	P	m	f	d	t	n	l	g	k	h	j	q	x	zh	ch	sh	r	z	c	s	y	w
뽀	프	므	프/흐	뜨	트	느	르	끄	크	흐	지	치	시	쯔	츠	쓰	르	즈	츠	스	이	우

〈중국어 23 성모와 한국어 발음
(chinese 23 initial consonants and Korean pronunciation)〉

* 한국어 발음의 특징(The characteristics of the pronunciation of korean)

Korean is similar to the Altaic languages such as Manchu, Mongolian, and Japanese, but is very different from Chinese. In pronunciation, Korean is close to Japanese and Mongolian, but it is relatively different from Chinese. There is no pronunciation of f, v, th, z in Korean. Especially, the final consonants(받침) which appear in Korean are not found in modern Chinese pronunciation. In Korean, the sound changes when the final consonants(받침) of the first letter meets the first consonant of the second letter.(consonant assimilation, 子音同化) When a syllable end consonant meets a consonant that comes after it, one of them resembles the other consonant, changing to a consonant or the same sound with similar properties, or the two of them resembling each other. But 70 to 80 percent of Korean is derived from Chinese characters, So you can learn Korean more easily by using Han-ja(漢字[汉字]), which is the basis of Chinese. In the same way, if you use Chinese characters(漢字[汉字]) in Korean well, you can learn Chinese more easily.

(한국어는 같은 알타이어 계통의 언어인 만주어, 몽골어, 일본어 등과 유사하지만, 중국어와는 매우 다르다. 발음에 있어 한국어는 일본어와 몽고어에 가까운 반면에 중국어와는 차이가 있다. 한국어에는 f, v, th, z 등의 발음이 없다. 특히 한국어에 많이 나타나는 받침(마지막 자음)은 현대 중국 표준어에는 없는 까닭으로 발음상 현대 중국어와는 많이 다르다. 또 한국어에는 앞 글자의 받침과 뒤 글자의 첫 자음이 만나면 소리가 변한다.(자음 동화) 즉 음절 끝 자음이 그 뒤에 오는 자

음과 만날 때 어느 한쪽이 다른 쪽 자음을 닮아서, 그와 비슷한 성질을 가진 자음이나 같은 소리로 바뀌기도 하고, 양쪽이 서로 닮아서 두 소리가 다 바뀌기도 한다. 그러나 한국어의 70~80 퍼센트가 한자어인 까닭에 중국어의 바탕인 한자어를 잘 활용하면 한국어를 보다 쉽게 배울 수가 있다. 같은 이치로, 한국어 속의 한자어를 잘 활용하면 중국어도 비교적 손쉽게 익힐 수가 있다.)

* 자음접변(consonant assimilation)

Consonant assimilation is a phenomenon that occurs when two consonants collide directly.(자음접변(자음동화)는 쉽게 말해 두 자음이 직접 충돌될 때 일어나는 현상이다.)

ex) (1) 국물→궁물, 먹는다→멍는다
    (2) 잡는다→잠는다, 앞마을→암마을
    (3) 맏며느리→만며느리, 맛나다→만나다, 빛내다→빈내다, 몇리→면니
    (4) 천리→철리, 칼날→칼랄
    (5) 금리→금니

* 연음법칙(linking)

If the vowel follows the foot of the previous syllable, the front foot is pronounced as the first sound of the next syllable.(모음이 자음으로 끝나는 음절과 이어질 때 앞 음절의 끝소리가 뒷 음절의 첫소리가 되는 음운현상을 말한다.)

ex) 꽃이→꼬치, 옷을→오슬, 먹어서→머거서, 같은→가튼, 걸음→거름, 높이→노피, 밖으로→바끄로, 안팎에→안파께, 있어→이써, 섞이고→서끼고, 깎이다→ 까끼다

* 구개음화(palatalization)

The palatalization is a phenomenon in which '⊏, ⽊' encounters a vowel and turns into 'ㅈ, ㅊ'.('구개음화는 'ㄷ, ㅌ'이 ' ㅣ'모음을 만나 'ㅈ, ㅊ'으로 바뀌는 현상이다.)

　　ex) 같이→가치, 해돋이→해도지, 굳이→구지, 굳히다→구치다

#만다린 중국어 발음의 특징
(The characteristics of the pronunciation of Mandarin Chinese)

1. Pinyin(병음)

Chinese Pinyin Chart

(Accessed from website of BIG MANDARIN, www.bigmandarin.com)

2. Tones(톤)

Mandarin Chinese is a tonal language, i.e. the way a sound is pronounced directly affects the meaning of what is said. There are four main tones and one neutral tone in mandarin Chinese. Each tone has a distinctive pitch contour, which can be graphed using the following Chinese 5-level system.(만다린 중국어는 음조 언어이다. 즉, 소리가 발음되는 방식이 말하는 내용의 의미에 직접적인 영향을 미친다. 만다린 중국어에는 4개의 주음과 1개의 중성음(즉 경성)이 있다. 각 톤에는 고유한 피치 윤곽이 있으며 다음 중국어 5 단계 시스템을 사용하여 그래프로 표시 할 수 있다.)

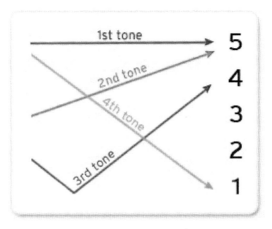

(Accessed from website of BIG MANDARIN, www.bigmandarin.com)

Tone	Characters of the tone	Tone mark
First Tone(1성)	High and level sound naturally prolonged (높고 자연스럽게 연장되는 고음)	ˉ
Second Tone(2성)	Rising tone, from low to high, just like the pitch in question (물어보는 것처럼 낮은 곳에서 높은 곳까지 상승하는 톤)	´
Third Tone(3성)	First falling and then going up again(처음엔 떨어졌다가 다음엔 다시 올라가는 톤)	ˇ
Forth Tone(4성)	Total falling tone which starts out very high and falls short and strong(매우 높게 시작하여 짧고 강하게 떨어지는 완전히 하강하는 톤)	`
Neutral Tone(경성)	Pronounced very light and quick(매우 약하고 빠르게 소리난다)	no tone mark

In Chinese, even with the same initial and final, different tones represent different characters and meanings. There are many Chinese characters with the same initials and finals. E.g.(중국어에서는 발음의 처음과 마지막이 같더라도 서로 다른 톤이 서로 다른 문자와 의미를 나타낸다. 중국 한자에는 이런 같은 발음의 한자가 많이 있다. 예) :

pinyin	mā	má	mǎ	mà	ma
character	妈	麻	马	骂	吗
meanings	mother	fibre	horse	curse	Question mark

3. 일반적인 변조규칙(Common Tone Rules, 變調規則[变调规则])

There are certain circumstances under which a Chinese word or character's normal tone will regularly change to a specific different tone. These tone changes (also called tone sandhi) must be learned in order to pronounce Chinese correctly.(중국어는 단어나 문자의 정상적인 어조가 특정 상황하에서 정기적으로 특정한 다른 어조로 바뀐다. 중국어를 올바르게 발음하기 위해서는 이러한 음색 변화 (톤 sandhi라고도 함)를 배워야 한다.)

There are three main tone change rules that every learner needs to know. Normally the tone changes are not written in the pinyin; you are supposed to just know the rule and apply it if you say the word(s) aloud. The reason for this is that in many cases if the tone change is written, you will be confused as to what the "normal" tone of a character is actually supposed to be.(모든 학습자가 알아야 할 세 가지 주요 톤 변경 규칙이 있다. 일반적으로 톤 변경은 병음에 기록되지 않는다. 따라서 큰 소리로 단어를 말할 때 그 규칙을 알고 적용시키기만 하면 된다. 그 이유는 톤 변경이 기록되면 캐릭터의 정상적인 톤이 실제로 무엇인지에 대해 혼란스러워 질 것이기 때문이다.)

* Third Tone Sandhi(3성 변조규칙, 三聲變調規則[三声变调规则])

When a third tone followed by another third tone, it should be pronounced as a second tone automatically. But the writing script should remain unchanged as the third tone mark. For example(3성 다음에 다른 3성이 나오면 앞의 3성은 자동으로 2성으로 발음되어야 한다. 그러나 쓰기 스크립트는 3성 표시로 변경되지 않는다. 예를 들면)

Writing Script(성조 표시)	Real Pronunciation(실제 발음)
你好 nǐ hǎo	你好 **ní** hǎo
鼓掌 gǔ zhǎng	**鼓**掌 **gú** zhǎng
勉强 miǎn qiǎng	**勉**强 **mián** qiǎng

* **Tone sandhi of "不"**(不의 변조규칙, 不的变调规则bú de biàndiào guīzé)

"不" becomes a second tone when followed by a fourth tone character. It is a fourth tone syllable by itself and when followed by other four tones then the following will happen.("不"은 4성 글자 앞에서는 2성으로 소리내야 한다. "不"은 그 자체로는 4성이나 다른 4성 음색이 뒤따르면 다음과 같이 변한다.)

Rule: When followed by a 4th tone, 不 (bù) changes to 2nd tone (bú).

Writing Script(성조 표시)	Real Pronunciation(실제 발음)
不是 bù shì	**不**是 **bú** shì
不要 bù yào	**不**要 **bú** yào
不去 bù qù	**不**去 **bú** qù

* **Tone sandhi of "一"**("一"의 변조규칙, 一的变调规则yī de biàndiào guīzé)

"一" is pronounced in first tone when it is by itself, at the end of a word, or used as a number. When it is followed by a first tone, second tone, or third tone character though, "一" changes to the fourth tone. It is pronounced in the second tone when it precedes a fourth tone.("一"은 그 자체는 단어의 끝에서 또는 숫자로 사용될 때

1성으로 발음된다. 그러나 1성, 2성 또는 3성 문자가 이어지면 "一"이
4성으로 변경된다. 또 4성 앞에서는 2성으로 발음된다.)

Rule 1: When followed by any other tone, 一 (yī) changes to 4th
tone (yì).(다른 성조 앞에서는 "一"은 4 성으로 변한다.)

Writing Script(성조 표시)	Real Pronunciation(실제 발음)
一百 yī bǎi	一百 *yì* bǎi
一起 yī qǐ	一起 *yì* qǐ
一直 yī zhí	一直 *yì* zhí

Rule 2: When followed by a 4th tone, 一 (yī) changes to 2nd tone
(yí).(4 성 앞에서는 2 성으로 변한다)

Writing Script(성조 표시)	Real Pronunciation(실제 발음)
一个 *yī* gè	一个 **yí** gè
一样 *yī* yàng	一样 **yí** yàng
一件 *yī* jiàn	一件 **yí** jiàn

Rule 3: When 一 (yī) appears as a number in a series, larger
number, address, or date, it is pronounced without the
tone change (regular first tone "yī")(숫자로 사용될 때에
는 변조 없이 원래의 1 성으로 발음한다.)

Writing Script	Real Pronunciation
第 一 个 *dì yī* gè	第 一 个 *dì* **yī** gè
一九九八年 yī jiǔ jiǔ bā nián	一九九八年 **yī** jiǔ jiǔ bā nián
一月 *yī* yuè	一月 **yī** yuè

Unit 2

한국어 문법
(Korean grammar)

2-1. 한국어 기본 어순(basic korean word order)

▶나는 학생입니다.(I am a student. 我是學生。[我是学生。]
Wǒ shì xuésheng)

[나(I, 我wǒ)는 + 학생(student, 學生[学生]xuéshēng) +입니다
(am, 是shì)]

* personal pronoun and predicative(인칭 대명사와 서술어)

나(I)	입니다(am)
당신(You)	입니다(are)
그, 그녀, 그들, 그것(He, She, They, It)	입니다(is, are)

* '은(는)' is a subjective case postpositional particle(주격 조사),
which helps the front word to be a subject. And its
pronunciation varies with the pronunciation of the word in front
of it. '은' comes after nouns ending in a consonant, and '는'
comes after nouns ending in a vowel. [은 (는)'은 주격조사로,
앞말이 주어가 되도록 도와준다. 그리고 그 발음은 그 앞에 있는
단어의 발음에 따라 다르다. 즉 '은'은 자음으로 끝나는 명사 뒤
에 오고, '는'은 모음으로 끝나는 명사 뒤에 온다.]

* '입니다(im-ni-da)' can be widely used in korean regardless of
the sex, number and person. Like chinese, in korean language
there is no difference in sex, number and person. And its
questioning form is '입니까(im-ni-gga)?'. ['입니다 (im-ni-da)'

는 성별, 숫자, 사람을 불문하고 한국어에서 널리 쓰인다. 중국어와 마찬가지로 한국어에서는 성별, 숫자, 사람의 차이가 없다. 그리고 그 질문 형식은 '입니까 (im-ni-gga)?'이다.]

▶ 나는 학생입니까?(Am I a student? 我是學生嗎? [我是学生吗?] Wǒ shì xuéshēng ma?)

ex)
- 나는 XXX입니다. 그들은 한국인입니까?

▶ 나는 학생이 아닙니다.(I am not a student. 我不是學生。 [我不是学生。] Wǒ bùshì xuéshēng.)

[나는 + 학생(student, 學生[学生] xuéshēng)이 + 아닙니다 (am not, 不是bùshì)]

* '이(가)' is a postpositional particle, which stresses the front word(noun or pronoun), and it is usually coming after a object of verb. The korean language system like japanese and mongolian, the postpositional particle is widely used.('이(가)'는 본동사의 목적어(object) 뒤에 붙어, 앞말을 지정하여 강조하는 뜻을 나타내는 보조사(postposition)이다. 한국어는 교착어인 까닭에 일본어와 몽고어와 같이 조사가 매우 발달한 것이 특징이다.)

* '아닙니다(a-nim-ni-da)' is the opposite form of '입니다(im-ni-da)', and its questioning form is '아닙니까(anim-ni-gga)?'.

ex)
- 나는 한국인입니다.(한국인: 韓國人[韩国人] hánguó rén, Korean people)
- 나는 중국인입니다.(중국인: 中國人[中国人] zhōngguó rén, Chinese people)
- 나는 미국인입니다.(미국인: 美國人[美国人] měiguó rén, American people)
- 나는 스페인 사람입니다.(스페인인(=스페인 사람): 西班牙人xībānyá rén, Spanish people)
- 학생이 학교에 갑니다.(一個學生去學校。[一个学生去学校。]Yīgè xuéshēng qù xuéxiào. A student goes to school.)
- 그가 학교에 간다.(他去学校。Tā qù xuéxiào.He goes to school.)

* '사람' is 'people' in korean like 인(人). 70 to 80 percent of korean is composed of chinese characters. But '사람' is pure korean.(한국어의 70~80 퍼센트는 한자어로 구성되어 있다. 그러나 사람은 순수한 한국어이다.)

ex)
- 나는 한국인이 아닙니다.(I am not a korean. 我不是韓國人。[我不是韩国人。]Wǒ bùshì hánguó rén.)
- 그는 한국인입니까?(Is he a korean? 他是韓國人嗎? [他是韩国人吗?] Tā shì hánguó rén ma?)
- 당신은 한국 사람입니까?(Are you a korean? 你是韓國人嗎? [你是韩国人吗?] Nǐ shì hánguó rén ma?)
- 그들은 한국인입니까?(Are they koreans? 他們是韓國人嗎? [他们是韩国人吗?] Tāmen shì hánguó rén ma?)
- 그녀는 한국 사람입니까?(Is she a korean? 她是韓國人嗎? [她是韩国人吗?] Tā shì hánguó rén ma?)
- 그들은 한국 사람들입니다.(They are koreans. 他們是韓國人。[他们是韩国人。] Tāmen shì hánguó rén.)
- 그녀들은 중국인이 아닙니다.(They are not chinese. 她們不是中國人。[她

们不是中国人。] Tāmen bùshì zhōngguó rén.)
- 그 사람들은 미국인이 아닙니까?(Aren't they americans? 他們不是美國人嗎? [他们不是美国人吗?] Tāmen bùshì měiguó rén ma?)

* '들' is plural form in korean. We can use it at any type of noun or pronoun like '그들', '그녀들', '사람들', '당신들', '학생들' etc.

* Comparison of pronunciation between Korean Chinese character and original Chinese (한국의 한자와 중국어 발음 비교)

	Chinese Pinyin, Korean Pronunciation (한어병음, 한국어 발음)	Korean Chinese Pronunciation Romanization (한국 한자음로마자 표기, 한국어 발음)
學生(学生)	[xuéshēng][쉬셩]	[Haksaeng][학생]
韓國(韩国)	[hánguó] [한꿔]	[Hanguk] [한국]
中國(中国)	[zhōngguó] [쭝꿔]	[Jungguk] [중국]
美國(美国)	[měiguó] [메이꿔]	[Miguk] [미국]
人(人)	[rén] [렌]	[In] [인]
學校(学校)	[xuéxiào] [쉬샤오]	[Hakgyo] [학교]

The pronunciation of Chinese characters in Korean is very similar to that of Chinese ancient times. (한국어 속의 한자의 발음은 중국 고대시기 한자음과 매우 유사하다.)

▶나는 밥을 먹습니다.(I eat rice. 我吃飯。[我吃饭。] Wǒ chīfàn.)

[나(I, 我wǒ)는 + 밥(rice, 飯[饭]fàn)을 + 먹습니다(eat, 吃chī)]

▶나는 그를 사랑합니다.(I love him. 我愛他。[我爱他。] Wǒ ài tā.)

[나(I, 我wǒ)는 + 그(he, 他tā)를+ 사랑합니다(love, 愛[爱] ài)]

* '을(를)' is a postpositional particle, which is used to express the direct or indirect objects of action. '을' comes after nouns ending in a consonant, and '를' comes after nouns ending in a vowel.('을(를)'은 동작이 끼친 직접적 대상을 나타내거나 혹은 무슨 행동의 간접적인 목적물이나 대상임을 나타내는 조사이다. '을'은 앞의 명사가 자음으로 끝날 때 사용되고, '를'은 앞의 명사가 모음으로 끝날 때 사용된다.)

ex)
나는 공부를 합니다. 나는 스페인어를 배웁니다.

▶나는 학교에 갑니다.(I go to school. 我去學校。[我去学校。] Wǒ qù xuéxiào.)

[나(I, 我wǒ)는 + 학교(school, 學校 [学校] xuéxiào)에 + 갑니다(go, 去qù]

▶나는 한국에 있습니다.(I am in korea. 我在韓國。[我在韩国。] Wǒ zài hánguó.)

[나(I, 我wǒ)는 + 한국에 + 있습니다(am, 在zài)]

▶나는 12시에 밥을 먹습니다.(I have/eat meal at 12

o'clock. 我12點吃飯。[我12点吃饭。] Wǒ shí'èr diǎn chīfàn.)

[나(I, 我wǒ)는 + 12시에 + 밥(meal, 飯 [饭] fàn)을 + 먹습니다 (eat, 吃chī)]

* In '12시', '시' is o'clock in korean. It comes from chinese '時' (shí).
* '에' is a postpositional particle, which is used to express places and times.('에'는 장소와 시간을 나타내는 조사이다.)

ex)
나는 스페인에 있습니다.

▶나는 그에게 책을 줍니다.(I give him a book. 我給他一本書。 [我给他一本书。] Wǒ gěi tā yī běnshū.)

[나(I, 我wǒ)는 + 그에게 + 책(book, 書[书]shū)을 + 줍니다(give, 給[给] gěi)]

* '에게' is a postpositional particle, which Indicates a certain limited range or a position of an object.('에게'는 일정하게 제한된 범위를 나타내거나 어떤 물건의 소속이나 위치를 나타내는 조사이다.)

ex)
나는 그에게 갔습니다. 그는 나에게 왔다.

* In korean, generally they do not like to distinguish singular and plural.(한국어에는 일반적으로 단수와 복수를 잘 구별하여 말하지 않는다.)

▶ **나는 아름다운 꽃을 좋아합니다.**(I like beautiful flowers. 我喜歡漂亮的花。 [我喜欢漂亮的花。] Wǒ xǐhuān piàoliang de huā.)

[나(I, 我wǒ)는 + 아름다운(beautiful, 漂亮piàoliang) + 꽃(flowers, 花huā)을 + 좋아합니다(like, 喜歡 [喜欢] xǐhuān)]

* In Korean, an adjective is placed in front of a noun.(한국어에서는 영어와 같이 형용사가 명사 앞에 위치한다.)

* The basic form of '좋아합니다' is '좋아하다'. '좋아합니다' is the honorific expression of '좋아하다'.

* **Comparison of pronunciation between Korean Chinese character and original Chinese (한국의 한자와 중국어 발음 비교)**

	Chinese Pinyin, Korean Pronunciation (한어병음, 한국어 발음)	Korean Chinese Pronunciation Romanization(한국 한자음 로마자 표기, 한국어 발음)
飯(饭)	[fàn] [판,환]	[Ban] [반]
愛(爱)	[ài] [아이]	[ae] [애]
花(花)	[huā] [화]	[Hwa] [화]

-Chinese characters arevery often used in Korean, but the usage is not the same as in China. For example, '飯' [饭] fàn is used in Korean as '반점(飯店[饭店] (fàndiàn, restaurant)', '백반(白飯 [白饭] (báifàn, white rice)', etc., but is not used as a meaning of '밥을 먹다 (吃饭, eat rice)' as in Chinese. In other words, in Korean you can say '당신은 밥을 먹었나요?(Did you eat?)', but not '당신은 반을 먹었나요?' Here, '밥' is not the Chinese character 飯[饭](fàn), but pure Korean '밥(It also means rice or meal.)'. Also, 愛[爱] (ài) is very often used in Korean as a noun such as '愛情 [爱情] (àiqíng love, love)', '熱愛 [热爱] (rè'ài, passionate love)', 愛人 [爱人] àirén (lover), etc. But it is not used as a verb. For example, '我愛你。[我爱你。](Wǒ ài nǐ. I love you.)' is '나는 당신을 사랑합니다' in Korean. Here, Koreans do not use '愛' as a verb to love, but use a pure Korean verb '사랑하다'. In the same example, you should not say '나는 화(花huā)를 좋아한다' instead of saying '나는 꽃을 좋아한다'.This phenomenon is very common, which is something to watch outfor when learning Korean and Chinese at the same time.

(한국어에서는 한자어가 많이 사용되지만 용법이 중국과 모두 같지는 않다. 이를테면 '飯'은 한국어에서는 '반점(飯店, restaurant)', '백반(白飯, white rice)' 등으로 사용되지만 중국어와 같이 '밥을 먹다(吃饭)'의 뜻으로는 사용되지 않는다. 다시 말해 '당신은 밥을 먹었나요?'라고 하지 '당신은 반을 먹었나요?'라고 말하지 않는다. 여기서 밥은 한자어 飯이 아니고 순수 한국어이다. 그리고 愛도 한국어에서는 '愛情(애정, love)', '熱愛(열애, passionate love)', 愛人(애인, lover) 등의

명사로 매우 많이 활용되지만 동사로는 사용되지 않는다. 예를 들면 '我愛你.(I love you.)'는 한국어로 '나는 당신을 사랑합니다.'이다. 여기서 한국인은 사랑한다는 동사로 '愛'를 사용하지 않고 '사랑하다'라는 순수 한국어 동사를 사용한다. 같은 예로 '나는 꽃을 좋아한다'를 '나는 화(花)를 좋아한다' 라고 하면 안 된다. 이런 현상은 매우 보편적인데, 이는 한국어와 중국어를 동시에 배울 때 주의해야 할 점이다.)

2-2. 한국어의 시제(Tense in Korean)

In korean, the tense is not that complicated. Generally there are present, present progressive, past and future four forms but strictly speaking there is no present perfect(have +p · p) or past perfect(had +p · p) form in Korean. And the forms have nothing to do with person or singular and plural.(한국어에는 다른 외국어와 같이 동사에 그 시제가 있지만 영어와 같이 그렇게 복잡하지는 않다. 보통 한국어 동사의 시제는 현재형과 현재 진행형, 그리고 과거형과 미래형으로 4분되며, 엄격히 말해 한국어에는 현재완료나 과거완료가 없다. 그리고 한국어 동사의 시제는 인칭이나 단수, 복수 등과는 전혀 상관이 없다.)

과거(past)	현재(present)	현재 or 과거 진행형 (present or past rogressive)	미래(future)
'이었습니다' (was, were)	'입니다'(am, are, is)	'입니다'(am), '이었습니다 (was)'	'일 것입니다' or '일 예정입니다'.(will be)
예)그는 대학생 이었다.	예)그는 대학생이다.	예)그는 대학생이다(이었다).	예)그는 대학생일 것이 다.(~일 예정이다.)
'먹었습니다' (ate, had)	'먹습니다'(eat, have)	'먹고 있습니다(있었습니다)' (be having)	'먹을 것입니다' or '먹 을 예정입니다'. (will eat)
예)그는 먹었다.	예)그는 먹는다.	예)그는 먹고 있다(~있었다).	예)그는 먹을 것이다 (~예정이다).
'갔었습니다' (went)	'갑니다'(go)	'가고 있습니다(있었습니다)' (be going)	'갈 것입니다' or '갈 예정입니다'.(will go)
예)그는 갔다(갔 었다)	예)그는 간다	예)그는 가고 있다.(~있었다)	예)그는 갈 것이다.(~ 예정이다)
'주었습니다' (gave)	'줍니다'(give)	'주고 있습니다(있었습니다)' (be giving)	'줄 것입니다' or '줄 예정입니다'.(will give)
예)그는 주었다.	예)그는 준다.	예)그는 주고 있다.(있었다)	예)그는 줄 것이다.(예 정이다)

ex)

- 나는 어제학교에 갔었습니다.(Yesterday I went to school. 昨天我去學校
  了。[昨天我去学校了。] Zuótiān wǒ qù xuéxiàole.)
  (yesterday)
- 그는 어제 밥을 먹었습니다.(Yesterday he ate rice. or Yesterday he had meal.
  昨天我吃飯了。[昨天我吃饭了。] Zuótiān wǒ chīfànle.)
- 그는 나에게 책을 주었습니다.(He gave me a book.他給了我一本書。[他给
  了我一本书。] Tā gěile wǒ yī běn shū.)
- 그는 학생이었습니다.(He was a student. 他是一個學生。[他是一个学生。]
  Tā shì yīgè xuéshēng.)
- 당신은 어제 학교에 갔었습니까?(Did you go to school yesterday? 你昨天去
  學校了嗎? [你昨天去学校了吗?] Nǐ zuótiān qù xuéxiàole ma?)

- 그는 당신에게 책을 주었습니까?(Did he give you a book? 他給了你一本書嗎? [他给了你一本书吗?] Tā gěile nǐ yī běn shū ma?)
- 나는 내일 학교에 갈 것입니다.(I will go to school tomorrow. 我明天會去學校。[我明天会去学校。] Wǒ míngtiān huì qù xuéxiào.)
  (tomorrow) (=갈 예정입니다)
- 나는 내일 그에게 책을 줄 것입니다.(I will give him a book tomorrow. 我明天會給他一本書。[我明天会给他一本书。] Wǒ míngtiān huì gěi nǐ yī běnshū.)
  (=줄 예정입니다)
- 나는 내일 그것을 먹을 것입니다.(I will eat it tomorrow. 我明天會吃[它]。 Wǒ míngtiān huì chī [tā])
  (=먹을 예정입니다)
- 그는 내년에 학생일 것입니다.(He will be a student next year. 他明年將成為學生。[他明年将成为学生。] Tā míngnián jiāng chéngwéi xuéshēng.)
  (next year) (=일 예정입니다)
- 당신은 내일 그것을 먹을 것입니까?(Will you eat it tomorrow? 你明天吃[它]嗎? [你明天吃吗?] Nǐ míngtiān chī [tā] ma?)
  (=먹을 예정입니까?)
- 나는 학교에 가고 있습니다.(I am going to school now. 我現在正在去學校的路上。[我现在正在去学校的路上。] Wǒ xiànzài zhèngzài qù xuéxiào de lùshàng.)
- 나는 어제 아침 학교에 가고 있었습니다.(I was going to school yesterday morning. 昨天早上我正去在學校的路上。[昨天早上我正在去学校的路上。] Zuótiān zǎoshang wǒ zhèngzài qù xuéxiào de lùshàng.)
- 나는 밥을 먹고 있습니다.(I am having a meal now. 我正在吃飯。[我正在吃饭。] Wǒ zhèngzài chīfàn.)

#중국어 영어 시제와의 비교
(Comparison with the Chinese tenses)

It is often said that Mandarin Chinese does not have any tenses. If "tenses" mean verb conjugation, this is true, since the form of a Chinese verb never changes, regardless of whether it is present, past or future tense. For example, whereas in English the verb 'eat' will become 'ate' for past tense, the Chinese verb 吃 (chī) stays the same. However, there are many ways to express timeframes in Mandarin Chinese.

(만다린 중국어에는 시제가 없다고 종종 말한다. "시제(tenses)"가 동사 활용을 의미하는 경우, 이것은 사실이다. 중국어 동사의 형태는 현재 시제, 과거 시제 또는 미래 시제에 관계없이 변경되지 않기 때문이다. 예를 들어, 영어에서 'eat' 동사는 과거형은 'ate'가 되는 반면, 중국어 동사 吃 (chī)는 그대로 유지된다. 그러나 중국어도 시간대를 표현하는 방법에 있어 여러 가지가 있다.)

1. Completed Actions(완료 동작)

Usually, in order to indicate completion of an action, the particle 了 (le) is added after the verb. (일반적으로 동작의 완료를 나타내기 위해 동사 뒤에 了 (le)을 추가한다.)

我做完作業了。[我做完作业了。] (Wǒ zuò wán zuòyè le.) I have finished my homework.(나는 숙제를 마쳤다.)

* Completed Actions That Did Not Happen(일어나지 않은 완료 동작)

If you wish to indicate that something did not happen in the past, you must negate the verb using 沒 (méi) or 沒有 (méi yǒu). The 了 (le) particle is also removed from this kind of sentence. (과거에 어떤 일이 일어나지 않았다는 것을 나타내려면 沒 (méi) 또는 沒有 (méi yǒu)를 사용하여 동사를 부정해야 한다. 이럴 경우에는 了 (le)는 문장에서 제거된다.)

我昨晚沒有吃晚飯。[我昨晚没有吃晚饭。](Wǒ zuó wǎn méiyǒu chī wǎnfàn.) I didn't have supper last night.(나는 어제 밤에 저녁을 먹지 않았다.)

2. Present(현재)

Usually, if you wish to indicate that something did not happen in the present, you may use time adverbs that indicate the present. (일반적으로 현재에 어떤 일이 일어나지 않았음을 나타내려면 현재를 나타내는 시간 부사를 사용할 수 있다.)

我經常去圖書館看書。[我经常去图书馆看书。](Wǒ jīngcháng qù túshū guǎn kànshū.) I often go to the library to read books.(나는 자주 도서관에 가서 책을 본다.)

媽媽有時帶我去動物園。[妈妈有时带我去动物园。](Māma yǒushí dài wǒ qù dòngwùyuán.) My mother sometimes takes me to the zoo.(엄마는 간혹 나를 데리고 동물원에 간다.)

* Commonly used Time Adverbs(일반적으로 사용되는 시간 부사):

經常[经常] (jīng cháng) often(자주)

有時[有时] (yǒu shí) sometimes(간혹)

每天 (měi tiān) everyday(매일)

每週[每周] (měi zhōu) every week(매주)

每年 (měi nián) every year(매년)

Sometimes the time adverb can be omitted, but they are often used to indicate that something is occurring presently. (때때로 시간 부사는 생략 될 수 있지만 현재 어떤 일이 일어나고 있음을 나타내는 데 자주 사용된다.)

我喜歡旅行。[我喜欢旅行。](Wǒ xǐhuān lǚxíng.) I like travelling. (나는 여행을 좋아한다.)

3. Ongoing Actions in the Present(현재 진행)

正 (zhèng), 在 (zài) and 正在 (zhèng zài) all indicate that something is still happening at the present time. They are only used when there is an action involved, and cannot be used with motal or stative verbs. (正 (zhèng), 在 (zài) 및 正在 (zhèng zài)는 모두 현재 어떤 일이 여전히 일어나고 있음을 나타낸다. 관련된 동작이 있을 때만 사용되며, 정태 또는 상태 동사와 함께 사용할 수 없다.)

我在工作。(Wǒ zài gōngzuò.) I am working.(나는 일하고 있다.)

爸爸正在開車。[爸爸正在开车。](Bàba zhèngzài kāichē.) My father is driving.(아빠는 운전중이다.)

4. Past(과거)

If you wish to indicate that something did not happen in the present, you may use time adverbs that indicate the past. (현재에 어떤 일이 일어나지 않았음을 나타내려면 과거를 나타내는 시간 부사를 사용할 수 있다.)

* **Commonly Used Past Time Phrases(일반적으로 사용되는 과거 시제 문구)**

以前 (yǐ qián) – before/ previously(이전)

過去[过去] (guò qù) – in the past / previously(과거)

上週[上周] (shàng zhōu) last week(지난 주)

去年 (qù nián) last year(작년)

昨天 (zuó tiān) yesterday(어제)

剛剛[刚刚] (gāng gāng) just now/ a moment ago(방금)

以前他不會開車。[以前他不会开车。](Yǐqián tā bù huì kāichē.) He did not know how to drive (before).(전에는 그는 운전을 못했다.)
　他剛剛給我打電話。[他刚刚给我打电话。](Tā gānggāng gěi wǒ dǎ diànhuà.) He just called me on the phone.(그는 금방 내게 전화했다.)

Also, to indicate that an action verb is completed or past, add the particle, 了 (le) after the verb. (또한 동작 동사가 완료되었거나 과거임을 나타내려면 동사 뒤에 了 (le)를 추가한다.)
　她吃了一個蘋果。[她吃了一个苹果。] (Tā chīle yīgè píngguǒ.)

She ate an apple.(그는 사과 하나를 먹었다.)

他去了美國。[他去了美国。](Tā qùle měiguó.) He went to the United States.(그는 미국으로 떠났다.)

To suggest an action was experienced in the past, use the particle, 过 (guò). It is most commonly used to talk about something that does not happen often or for action that happened some time ago. (과거에 경험한 행동을 표시하려면 过(guò)를 사용한다. 이는 자주 발생하지 않는 일에 대해 이야기하거나 얼마 전에 일어난 행동에 대해 가장 일반적으로 사용된다.)

我洗過澡了。[我洗过澡了。](Wǒ xǐguò zǎo le.) I took a shower. (나는 목욕을 했다.)

他們吃過早飯了。[他们吃过早饭了。](Tāmen chīguò zǎofànle.) They had breakfast.(그들은 아침을 먹었다.)

5. Future(미래)

Something that has yet to occur is expressed by using time phrases that indicate the future. A time phrase usually comes after the subject to emphasise that particular time expression. (아직 발생하지 않은 것은 미래를 나타내는 시간 문구를 사용하여 표현된다. 시간 문구는 특정 시간 표현을 강조하기 위해 일반적으로 주제 뒤에 온다.)

* Commonly Used Future Time Phrases(일반적으로 사용되는 미래 시제 문구)

明天 (míng tiān) tomorrow(내일)

後天[后天] (hòu tiān) the next day tomorrow(모레)

明年 (míng nián) next year(내년)

下個星期[下个星期] (xià gè xīng qī) next week(다음 주)

下個月[下个月](xià gè yuè) next month(다음 달)

將來[将来] (jiāng lái) in the future(장래)

下次 (xià cì) next time(다음)

以後[以后] (yǐhòu) in the future(이후)

下次我給你帶兩本書。[下次我给你带两本书。](Xià cì wǒ gěi nǐ dài liǎng běn shū.) Next time I will bring you two books.(다음에 나는 당신에게 책 두 권을 가져다줄게요.)

明年他就要畢業了。[明年他就要毕业了。](Míngnián tā jiù yào bìyè le.)He will graduate next year.(내년에 그는 졸업할 것이다.)

2-3. 한국어의 경어(Honorific expressions in Korean)

In Korean, there are noticeable differences between honorific, formal expressions and not honorific, informal expressions. In other words, in korean, the predicate of a sentence has a different ending which shows the relationship between the speaker and listener. Generally speaking in korea, if the listener is grown-up or you are not so familiar with him(her), you should use the honorific expressions. But if the listener is not adult or is very familiar with you, you need not to use the honorific expressions. In korean, there are so many ways of honorific expressions. So the honorific expressions are not only shown in predicate(verb), but also will be shown in noun(pronoun). For example, the honorific expression of 밥(meal) is '진지'. In this case, the two words are totally different vocabularies.

(한국어에서는 존댓말, 공식적인 표현과 존댓말이 아닌 비공식적인 표현 사이에는 현저한 차이가 있다. 다시 말해 한국어에는 문장 술부의 끝머리가 다를 수 있는데, 이는 말하는 사람과 듣는 사람 간의 관계를 반영한다. 일반적으로 한국어에서는 듣는 사람이 어른이거나 당신이 듣는 사람과 그렇게 친하지 않을 경우에는 반드시 경어(존댓말)을 사용해야 한다. 그러나 만약 듣는 사람이 어른이 아니거나 혹은 당신과 매우 친하다면 경어를 꼭 사용할 필요가 없다. 한국어에는 경어 표현 방법이 많이 있다. 따라서 경어 표현은 술어(동사)뿐만 아니라 명사(대명사)에도 표시된다. 예를 들어 밥(식사)의 경어 표현은 '진지'이다. 이 경우 두 단어는 완전히 다른 어휘이다.)

honorific expressions	not honorific expressions
나는 학생**입니다**.	나는 학생**이다**.(or 나는 학생**이야**.)
나는 밥을 **먹습니다**.	나는 밥을 **먹는다**.(or 나는 밥을 **먹어**.)
나는 그를 **사랑합니다**.	나는 그를 **사랑한다**.(or 나는 그를 **사랑해**.)
나는 어제 학교에 **갔었습니다**.	나는 어제 학교에 **갔었다**.(or 나는 어제 학교에 **갔었어**.)

#중국어의 경어와 겸어 표현
(Honorific and modest expressions in Chinese)

Chinese also has a honorific system. Due to grammar difference between Chinese and Korean, Chinese honorifics work in a totally different way. Korean adds some suffix to show respect, but Chinese do not add anything, instead, they choose different vocabulary to express the same thing. There are mainly two ways to show one's respect to others. The First way is to use honorific words when related to others; the second way is to use modest words when related to oneself. (중국어도 경어 체계를 가지고 있다. 중국어와 한국어의 문법 차이로 인해 중국어 경어는 완전히 다른 방식으로 작동한다. 한국어는 존경심을 나타내기 위해 접미사를 추가하지만 중국어는 아무것도 추가하지 않고 대신 다른 어휘를 선택하여 같은 것을 표현한다. 타인에 대한 존경심을 나타내는 방법은 크게 두 가지가 있다. 첫 번째 방법은 다른 사람과 관련이 있을 때 경어를 사용하는 것이고, 두 번째 방법은 자신과 관련이 있을 때 겸손한 단어를 사용하는 것이다.)

1. some daily used honorifics(일상적으로 사용되는 경어)

(1) when you talk to elders, you don't use "你" to say "you", you should use "您". This principle also applies to greeting someone you first meet, regardless of age. (except children) [어르신들과 대화 할 때 "당신"이라고 말할 때 "你"를 사용하지 않고 "您"를 사용해야 한

다. 이 원칙은 나이에 관계없이 처음 만난 사람에게 인사하는 경우에도 적용된다. (어린이 제외)]

(2) The honorific prefix 貴 [贵] (guì; honorable) is added in front of 姓 (xìng; last name) to exalt the addressee. When you ask the surname of the other, you should not ask directly like 你姓什么? Instead, you should ask 請問您貴姓? [请问您贵姓？] (qǐng wèn nín guì xìng): "May I ask for the honorable surname of your honorable self?" [상대방을 높이기 위해 姓 (xìng; 성) 앞에 경칭 접두사 貴 [贵] (guì; honorable)이 추가된다. 상대방의 성을 물어볼 때 "你 姓 什么?"처럼 직접 묻지 말고 "請問 您 貴姓? [请问 您 贵姓？] (qǐng wèn nín guì xìng)" : 당신의 명예로운 성씨를 물어봐도 될까요?)라고 해야 한다.]

(3) When you ask one's job, you should ask "您在哪里高就?" (상대의 직업을 물을 때 "您 在 哪里 高就?"라고 해야 한다.)

(4) When you want to ask the age of someone, you should use different expressions in different situations. 貴庚[贵庚] (guì gēng) is a honorific form of age. When asking the age of a person you do not know well, you can ask 請問您貴庚? [请问您贵庚？](Qǐngwèn nín guìgēng?) When asking the age of an elderly person, the Chinese polite phrase is 高壽 [高寿] (gāo shòu). However, when you are enquiring the age of ladies, the polite form would be 芳齡 [芳龄] (fāng líng).

(누군가의 나이를 묻고 싶을 때 상황에 따라 다른 표현을 사용해야 한다. 貴庚 [贵庚] (guì gēng)은 연령의 경어 형태이다. 잘 모르는 사람의 나이를 물어 볼 때 "請問 您 貴庚? [请问 您 贵庚?] (Qǐngwèn nín guìgēng?) (Qǐngwèn nín guìgēng?)" 이라고 하며, 노인의 나이를 물어볼 때 중국어의 정중한 표현은 "高壽 [高寿] (gāo shòu)"이다. 그러나 숙녀의 나이를 물을 때 정중한 형태는 "芳齡 [芳龄] (fāng líng)" 이다.)

(5) Here come some examples that are no longer used in oral speaking but may appear in written papers: Your friend who is younger than you is 賢弟 [贤弟] (xián dì), one's mother is 令堂(lìng táng), one's father is 令尊 (lìng zūn), one's daughter is "令愛 [令爱] (lìng ài); one's son is 令郎 (lìng láng), one's brother is 令弟(lìng dì), etc.

(다음은 구두로 말할 때에는 더 이상 사용되지 않지만 서면에서 나타날 수 있는 몇 가지 예이다. 당신보다 어린 친구는 "賢弟 [贤弟] (xián dì)", 남의 어머니는 "令堂 (lìng táng)" ,남의 아버지는 "令尊 (lìng zūn)", 남의 딸은 "令 愛 [令 爱] (lìng ài)", 남의 아들은 "令郎 (lìng láng)", 남의 남동생은 "令弟 (lìng dì)" 등을 사용한다.)

(6) When you first time meet someone, you say jiu yang. jiǔ yǎng 久仰 ("be very pleased to meet someone") jiǔ yǎng, jiǔ yǎng.久仰, 久仰。("I have heard so much about you.")

[누군가를 처음 만나면 "jiŭ yang"이라고 한다. "jiŭ yang"(久仰)
("만나서 매우 기뻐합니다") 혹은 "jiŭ yăng, jiŭ yang"(久仰, 久
仰!)("당신에 대해 많이 들었습니다.")]

2. some degraded or modest words(謙辭 [谦辞] qiān cí)when referring to yourself. (자신을 언급할 때의 겸손한 단어(謙辭 [谦辞] qiān cí))

(1) If you are a bit older than your friend, you call yourself 愚兄
(yú xiōng "stupid elder brother") [친구보다 조금 나이가 많으
면 자신을 愚兄 (yú xiōng "어리석은 형"이라고 부른다.]

(2) Use 賤內 [贱内] (jiàn nèi "the one within, who is worthless")
to refer to "my wife". 賤內 [贱内] (jiàn nèi "내부, 무가치 한
자")를 사용하여 "내 아내"를 지칭한다.

(3) Use 拙夫 (zhuō fū "my husband, who is inferio") to refer to
"my husband".
拙夫 (zhuō fū "열등한 남편")을 사용하여 "내 남편"을 지칭한다.

(4) Use 犬子 (quǎn zǐ "puppy") to refer to "my son".
"내 아들"을 지칭하기 위해 犬子 (quǎn zǐ "강아지")를 사용한다.

(5) Use 小兒 [小儿] (xiǎo ér "small son"): "my son, who is
small".

小兒 (xiǎo ér "작은 아들")를 사용하여 "자신의 어린 아들"을 지칭한다.

(6) Use 小女 (xiǎo nǚ "small daughter") to refer to "my daughter, who is small".

小女 (xiǎo nǚ "작은 딸")를 사용하여 "자신의 어린 딸"을 지칭한다.

(7) Use 寒舍 (hán shè "humble abode") to refer to "my home".

寒舍 (hán shè "humble abode")를 사용하여 "my home"을 지칭한다.

3. examples of honorific and modest expressions in Chinese in different contexts.(중국어 경어와 겸어 표현의 다양한 예)

(1) Meeting for the first time(처음 만남에서)

When you are attending a business party, seminar or unfamiliar places, you need to be polite in your language, especially introducing yourself to someone who is older or higher in social status than you. (비즈니스 파티, 세미나 또는 생소한 장소에 참석할 때, 예의를 갖추어야 하며, 특히 나보다 나이가 많거나 사회적 지위가 높은 사람에게 자신을 소개해야 한다.)

*請多指教 [请多指教] qǐng duō zhǐ jiào

When you are introducing yourself to someone whom you have never met or for the first time, the Chinese expression to use is 我是XX, 請多指教。[我是XX, 请多指教。]("I am XX, please give me guidance and advice").

처음 만난 사람에게 자신을 소개할 때 사용하는 중국어 표현은 我是 XX , 請多 指教。 [我 是 XX , 请多 指教。] ("니는 XX 입니다. 많은 지도와 조언을 부탁 드립니다.").

*幸會幸會 [幸会幸会] xìng huì xìng huì

When expressing an honor to meet someone for the first time in Chinese, it is more polite to use the Chinese expression 幸會幸會 [幸会幸会] [Xìng huì xìng huì]. You may also use the Chinese expression 很高興認識您 [很高兴认识您] [Hěn gāoxìng rènshì nín].

(중국어로 처음으로 누군가를 만나는 영광을 표현할 때 중국어 표현 幸會 幸會 [幸会 幸会] [Xìng huì xìng huì]를 사용하는 것이 더 예의적이다. 중국어 표현 很 高興 認識 您 [很 高兴 认识 您] [Hěn gāoxìng rènshì nín]을 사용할 수도 있다.)

(2) Asking for forgiveness(용서를 구할 때)

*請多多包涵 [请多多包涵] qǐng duō duō bāo hán

The Chinese phrase **包涵** (bāo hán) means to obtain understanding or tolerance from others for the inconvenience caused. For example, 招待不周, 請諸位多多包涵! [招待不周, 请诸位多多包涵!] (Zhāodài bù zhōu, qǐng zhūwèi duōduō bāohan.) "Please forgive me if the reception is unsatisfactory."

[중국어 어구 包涵 (bāo hán)은 불편을 끼친 것에 대해 다른 사람들로부터 이해 또는 관용을 얻는 것을 의미한다. 예를 들어, 招待 不周 , 請 諸位 多多 包涵! [招待 不周 , 请 诸位 多多 包涵!] (Zhāodài bù zhōu, qǐng zhūwèi duōduō bāohan.)]

(3) Asking a favor or to trouble someone(호의를 구하거나 누군가 에게 폐를 끼쳤을 때)

*拜託 [拜托] bài tuō

拜托 (bài tuō "request") is an honorific form in Chinese for asking a favor. For example, 拜託您捎個信兒給他。[拜托您捎个信 儿给他。] Would you be kind enough to take a message to him?

[拜托 (bài tuō "요청")는 중국어로 누구에게 부탁할 때 쓰는 경어 표현이다. 예를 들어, 拜託 您 捎個信 兒 給 他。 [拜托 您 捎个信 儿 给 他。] 당신은 그에게 메시지를 전해줄 정도로 친절합니까?(수 고스럽지만 그에게 메시지를 좀 전해주시겠습니까?)]

*打扰 dǎ rǎo

打扰 (dǎ rǎo "disturb") is a polite form of Chinese. It is used when you bother someone to do something or you bother them with a question. It is saying sorry in a more polite kind of way. For example, when you have interrupted someone, you may say 對不起, 打擾您了。[对不起, 打扰您了。] (Duì bù qǐ, dǎ rǎo nín le.)

[打扰 (dǎ rǎo "disturb")는 중국어의 정중한 표현이다. 누군가에게 무언가로 귀찮게 하거나 질문으로 귀찮게 할 때 사용된다. 좀 더 예의 바르게 미안하다고 말하는 것이다. 예를 들어, 누군가를 방해했을 때 對不起, 打擾您了。[对不起, 打扰您了。] (Duì bù qǐ, dǎ rǎo nín le.)]

(4) Asking questions or asking for advice(질문을 하거나 충고를 구할 때)

*請教 [请教] qǐng jiào

請教 [请教] ("request guidance") is used when seeking guidance or instruction from others. For example, 可以請教您一個問題嗎? [可以请教您一个问题吗?] (Kěyǐ qǐngjiào nín yīgè wèntí ma?) "May I ask you something?".

[請教(지도 요청)는 다른 사람의 지도나 지시를 구할 때 사용된다. 예를 들어, 可以 請教 您 一個 問題 嗎? [可以 请教 您 一个 问题 吗?] (Kěyǐ qǐngjiào nín yīgè wèntí ma?) "뭐 좀 여쭤봐도 될까요?"].

(5) Appreciating one's hard work(누군가의 노력에 감사할 때)

*辛苦了(xīn kǔ le)

The Chinese expression 辛苦了(xīn kǔ le) is very commonly used in Japanese and Korean language as well. This expression is to acknowledge the hard work that one has put into the task or work.

[중국어 표현 辛苦 了 (xīn kǔ le)는 일본어와 한국어에서도 매우 일반적으로 사용된다. 이 표현은 일이나 일에 쏟은 노력을 인정하는 것이다.]

2-4. 한국어의 어미 변화 (Inflection in korean)

Korean is quite an inflected language. Inflection in Korean gene
rally applies to verb, adjective. (한국어는 어미를 상당히 변화시키는
언어이다. 한국어의 어미 변화는 일반적으로 동사, 형용사에 주로 적
용된다.)

*** 한국어 어미변화의 몇 가지 예(some examples of inflection in
korean)**

품사 (parts)	기본형 (bdsic)	어미변화(inflection)			
		경어, 존댓말 (honorific)	비경어(비존댓말) (not honorific)	진행형 (progressive form)	형용사형 (adjective form)
동사(verb)	먹다 (eat, have)	먹습니다	먹는다 (먹어)	먹고	먹는
동사	사랑하다 (love)	사랑합니다	사랑한다 (사랑해)	사랑하고	사랑하는
형용사 (adjective)	아름답다 (beautiful)	아름답습니다	아름답다 (아름다워)	아름답고	아름다운
형용사	젊다(young)	젊습니다	젊다(젊어)	젊고	젊은
형용사	크다(big)	큽니다	크다	크고	큰

ex)
* 명령형(instruction form)~ 밥을 먹어라!(Eat meal!), 그를 사랑해라!(Love
  him!)
* 그는 밥을 먹고 있습니다.(He is having meal. 他正在吃飯。[他正在吃
  饭。] Tā zhèngzài chīfàn.)
* 밥을 먹는 사람은 학생입니다.(The person having rice/meal is a student. 正
  在吃飯的那個人是一個學生。[正在吃饭的那个人是一个学生。]
  Zhèngzài chīfàn dì nàgè rén shì yīgè xuéshēng.)

* 한국인은 밥을 먹는다. (Koreans eat rice. 韓國人吃米飯。[韩国人吃米饭。] Hánguó rén chī mǐfàn.)

* 나는 어제 밥을 먹었습니다. (Yesterday I ate rice.昨天我吃飯了。[昨天我吃饭了。] Zuótiān wǒ chīfàn le.)

* 그는 나를 사랑해(사랑한다). (He loves me. 他喜歡我。[他喜欢我。] Tā xǐhuān wǒ.)

* 그는 나를 사랑하고 있습니다. (He is loving me. 他正愛著我呢。[他正爱着我呢。] Tā zhèng àizhe wǒ ne.)

* 나는 그를 사랑하고 존경합니다. (I love and respect him. 我愛他, 並且尊重他。[我爱他, 并且尊重他。 Wǒ ài tā, bìng qiě zūnzhòng tā.])

* 그는 사랑하는 사람이 있습니다.(He has a lover. 他有個情人。[他有个情人。] Tā yǒu gè qíngrén.)

* 당신은 아름답습니다. (You are beautiful. 你很美麗。[你很漂亮。] Nǐ hěn měilì.)

* 나는 아름다운 꽃을 좋아한다. (I like beautiful flowers. 我喜歡漂亮的花。[我喜欢漂亮的花。] Wǒ xǐhuān piàoliang de huā.)

* 나는 아름다운 그녀를 사랑합니다.(I love her. She is so beautiful. 她真漂亮, 我愛她。[她真漂亮, 我爱她。] Tā zhēn piàoliang, wǒ ài tā.)

* 그녀는 아름답고 젊습니다.(She is beautiful and young. 她年輕又漂亮。[她年轻又漂亮。] Tā niánqīng yòu piàoliang.)

* 그는 젊은 여성을 좋아합니다.(He likes young women. 他喜歡年輕女性。[他喜欢年轻女性。] Tā xǐhuān niánqīng nǚxìng.)

* 그는 젊다(젊습니다).(He is young. 他很年輕。[他很年轻。] Tā hěn niánqīng.)

* 나는 큰집을 좋아합니다.(I like big house. 我喜歡大房子。[我喜欢大房子。] Wǒ xǐhuān dà fángzi.)

* Absence of Inflection in Chinese(중국어 어미변화의 부재)

Diferent from many languages, Chinese does not have inflectional morphology: nouns and adjectives do not inflect for case, definiteness, gender, specificity or number; neither do verbs inflect for person, number, tense, aspect, telicity, valency, evidentiality or voice.

(많은 언어와 다르게 중국어에는 어미변화 형태가 없다. 명사와 형용사는 상황이나 명확성, 성별, 특이성 또는 숫자에 따른 어미변화를 하지 않는다. 동사도 사람, 숫자, 시제, 상황, 간결함, 원자가, 증거 또는 음성을 위해 어미변화 활용이 없다.)

#한국어의 접속사(conjunctive particle in Korean)

그리고(And), 그러나, 그렇지만, 그런데(but), 그래서, 그러므로(so)

1. Step-by-step composition exercises in Korean English Chinese(한국어 영어 중국어 단계별 작문연습)

Level1

나는 학생입니다.(I am a student. 我是學生。我是学生。Wǒ shì xuéshēng.)

당신은 학생입니다.(You are a student. 你是學生。你是学生。Nǐ shì xué shēng.)

그(그녀, 그들)는(은) 학생입니다.(He(She, They) is(is, are) a student(students). 他/她(們) 是學生。[他/她(们) 是学生。] Tā/tā (men) shì xuéshēng.)

당신은 학생입니까?(Are you a student? 你是學生嗎? [你是学生吗?] Nǐ shì xuéshēng ma?)

그(그녀, 그들)는(은) 학생입니까?(Is(Are) he(she, They) a student(students)? 他/她(們) 是學生嗎? [他/她(们) 是学生吗?] Tā/tā (men) shì xuéshēng ma?)

나는 학생이 아닙니다.(I am not a student. 我不是學生。[我不是学生。] Wǒ bùshì xuéshēng.)

Level2

나는 밥을 먹습니다.(I eat rice. 我吃米飯。[我吃米饭。] Wǒ chī mǐfàn.)

나는 그를 사랑합니다.(I love him. 我愛他。 [我爱他。] Wǒ ài tā.)

나는 학교에 갑니다.(I go to school. 我去學校。[我去学校。] Wǒ qù xuéxiào.)

그는 스페인에 있습니다.(He is in Spain. 他在西班牙。Tā zài xībānyá.)

그녀는 12시에 밥을 먹습니다.(She has meal at 12 o'clock. 她12點吃飯。[她 12点吃饭。] Tā shí'èr diǎn chīfàn.)

나는 그에게 책을 줍니다.(I give him a book. 我給他一本書。[我给他一本书。] Wǒ gěi tā yī běn shū.)

그녀는 예쁜 옷을 좋아합니다.(She likes beautiful clothes. 她喜歡漂亮的衣服。[她喜欢漂亮的衣服。] Tā xǐhuān piàoliang de yīfú.)

Level3

나는 어제 학교에 갔었습니다.(or 갔습니다.) (Yesterday I went to school. 昨天我去了學校。 [昨天我去了学校。] Zuótiān wǒ qùle xuéxiào.)

그는 나에게 책을 주었습니다.(He gave me a book. 他給了我一本書。他给了我一本书。 Tā gěile wǒ yī běnshū.)

나는 내일 학교에 갈 것입니다. (I will go to school tomorrow. 我明天會去學校。[我明天会去学校。] Wǒ míngtiān huì qù xuéxiào.)

나는 학교에 **가고** 있습니다. (I am going to school now. 我現在正在去學校的路上。[我现在正在去学校的路上。] Wǒ xiànzài zhèngzài qù xuéxiào de lùshàng.)

나는 **어제** 아침 학교에 **가고 있었**습니다. (I was going to school yesterday morning. 昨天早上我正在去學校的路上。 昨天早上我正在去学校的路上。) Zuótiān zǎoshang wǒ zhèngzài qù xuéxiào de lùshàng.

Level4-1

나는 어제 학교에 갔습니다. **그래서** 오늘(내일)은 학교에 안 갑니다.(Yesterday I went to School. So today(tomorrow)I do not go to school. 昨天我去學校了, 所以今天(明天)我就不去學校了。 [昨天我去学校了, 所以今天(明天)我就不去学校了。] Zuótiān wǒ qù xuéxiàole, suǒyǐ jīntiān (míngtiān) wǒ jiù bù qù xuéxiàole.)

그는 작년에 학생이었습니다. **그러나** 지금은 학생이 아닙니다.(Last year he was a student. But now he is not a student. 他去年是一名學生, 不過現在不是了。[他去年是一名学生, 不过现在不是了。] Tā qùnián shì yī míng xuéshēng, bùguò xiànzài bùshì le.)

그는 내년에 학생일 것입니다. **그리고** 학교에 갈 것입니다.(Next year he will be a student. And he will attend a school. 明年他將成為一名學生, 走進學校。 [明年他将成为一名学生, 走进学校。] Míngnián tā jiāng chéngwéi yī míng xuéshēng, zǒu jìn xuéxiào.)

나는 어제 그에게 책을 주었습니다. **그런데** 당신은 오늘 그에게 책을 줍니까(줄 예정 입니까)?(Yesterday I gave him a book. By the way, today are you going to give him a book? 昨天我給了他一本書。 對了, 你今天要給他一本書嗎? [昨天我给了他一本书。对了, 你今天要给他一本书

吗?] Zuótiān wǒ gěile tā yī běnshū. Duìle, nǐ jīntiān yào gěi tā yī běnshū ma?)

Level4-2

나는 너를 사랑해. **그런데** 너는 나를 사랑해? (I love you. But do you love me? 我愛你, 可是你愛我嗎? [我爱你, 可是你爱我吗?] Wǒ ài nǐ, kěshì nǐ ài wǒ ma?)

나는 매일 빵을 먹어. **그러나(그렇지만)** 밥은 먹지 않아.(I eat bread every day. But I do not eat rice. 我每天都吃麵包, 但我不吃米飯。 [我每天都吃面包, 但我不吃米饭。] Wǒ měitiān dū chī miànbāo, dàn wǒ bù chī mǐfàn.)

나는 학교가 좋아. **그래서** 지금 학교에 가고 있어.(I like school. So I am going to school now. 我喜歡學校, 所以我現在去學校。 [我喜欢学校, 所以我现在去学校。] Wǒ xǐhuān xuéxiào, suǒyǐ wǒ xiànzài qù xuéxiào.)

나는 오늘 학교에 갈 것이야. **그리고** 학교에서 밥을 **먹을 예정이야.**(I will go to school today. And I am going to eat at school. 我今天要去學校, 而且打算在學校吃飯。 [我今天要去学校, 而且打算在学校吃饭。] Wǒ jīntiān yào qù xuéxiào, érqiě dǎsuàn zài xuéxiào chīfàn.)

Level5

나는 빵을 좋아합니다. **그래서** 어제 학교 식당에서 큰 빵을 **먹었습니다. 그런데** 내일은 빵을 안 **먹을 것입니다.**(먹지 않을 것입니다)(I like bread. So yesterday I ate a piece of big bread in the school cafeteria. But tomorrow I won't eat bread. 我喜歡麵包, 所以昨天在學校食堂吃了一塊大麵包, 但是明天我不會吃麵包。 [我喜欢面包, 所以昨天在学校食堂吃了一块大面包, 但是明天我不会吃面包。]) Wǒ xǐhuān miànbāo, suǒyǐ zuótiān zài xuéxiào shítáng chīle yīkuài dà miànbāo, dànshì míngtiān wǒ bù huì chī miànbāo.

그는 한국인이 아닙니다. **그래서** 밥을 **안 먹습니다.(먹지 않습니다) 그러나** 나는 한국인입니다. **그러므로** 밥을 좋아합니다.(He is not a Korean, so he doesn't eat rice. But I'm Korean; therefore I like rice. 他不是韓國人, 所以不吃米飯。　但是我是韓國人　所以我喜歡米飯。　[他不是韩国人, 所以不吃米饭。但是我是韩国人 所以我喜欢米饭。] Tā bùshì hánguó rén, suǒyǐ bù chī mǐfàn. Dànshì wǒ shì hánguó rén suǒyǐ wǒ xǐhuān mǐfàn.)

학교에서 밥을 **먹고 있는** 저 젊은 사람은 한국 사람입니다. **그리고** 그는 그라나다 대학교 학생입니다.(That young man who is eating at school is Korean. And he is a student in the University of Granada. 那個在學校吃飯的年輕人是韓國人。他是格拉納達大學的學生。　[那个在学校吃饭的年轻人是韩国人。　他是格拉纳达大学的学生。] Nàgè zài xuéxiào chīfàn de niánqīng rén shì hánguó rén. Tā shì gélā nà dá dàxué de xuéshēng.)

Unit 3

한국어 읽기와 쓰기
(korean reading and writing)

3-1. 자음과 모음 읽기 연습과 알파벳 명칭
(reading practice of korean consonants and vowels and the name of korean alphabet)

가	갸	거	겨	고	교	구	규	그	기
나	냐	너	녀	노	뇨	누	뉴	느	니
다	댜	더	뎌	도	됴	두	듀	드	디
라	랴	러	려	로	료	루	류	르	리
마	먀	머	며	모	묘	무	뮤	므	미
바	뱌	버	벼	보	뵤	부	뷰	브	비
사	샤	서	셔	소	쇼	수	슈	스	시
아	야	어	여	오	요	우	유	으	이
자	쟈	저	져	조	죠	주	쥬	즈	지
차	챠	처	쳐	초	쵸	추	츄	츠	치
카	캬	커	켜	코	쿄	쿠	큐	크	키
타	탸	터	텨	토	툐	투	튜	트	티
파	퍄	퍼	펴	포	표	푸	퓨	프	피
하	햐	허	혀	호	효	후	휴	흐	히

기본자음		합성자음		기본모음 + 합성모음	
ㄱ	기역	ㄲ	쌍기역	ㅟ	위
ㄴ	니은	ㄸ	쌍디귿	ㅑ	야
ㄷ	디귿	ㅃ	쌍비읍	ㅕ	여
ㄹ	리을	ㅆ	쌍시옷	ㅛ	요
ㅁ	미음	ㅉ	쌍지읒	ㅠ	유
ㅂ	비읍	ㅏ	아	ㅐ	애
ㅅ	시옷	ㅓ	어	ㅖ	예
ㅇ	이응	ㅗ	오	ㅘ	와
ㅈ	지읒	ㅜ	우	ㅙ	왜
ㅊ	치읓	ㅡ	으	ㅝ	워
ㅋ	키읔	ㅣ	이	ㅞ	웨
ㅌ	티읕	ㅐ	애	ㅢ	의
ㅍ	피읖	ㅔ	에		
ㅎ	히읗	ㅚ	외		

자음자 19자
(기본자음 14자, 합성자음 5자)
모음자 21자
(기본모음 10자, 합성모음 11자)

3-2. 자음 모음 쓰는 법(How to write the Korean consonants and vowels)

Symbol	Sound & Name							
ㅏ	a	아	아	아	아	아	아	아
ㅓ	eo	어	어	어	어	어	어	어
ㅗ	o	오	오	오	오	오	오	오
ㅜ	u	우	우	우	우	우	우	우
ㅡ	eu	으	으	으	으	으	으	으
ㅣ	i	이	이	이	이	이	이	이
ㅐ	ae	애	애	애	애	애	애	애
ㅔ	e	에	에	에	에	에	에	에
ㅚ	oe	외	외	외	외	외	외	외

#한자 쓰는 방법
(How to write the Chinese characters)

1. 한자의 주요 획 목록(Basic Chinese strokes)

Chinese strokes are applied in given orders while shaping the characters. Basically, the stroke orders in writing Chinese characters are from left to right, from top to bottom, from outside in and from center out. To write Chinese characters correctly, it is necessary to know how to write all the strokes in the right way. In the following there are a list of major strokes of Chinese characters with English explanation.(중국어 획은 문자를 형성하는 동안 지정된 순서로 적용된다. 기본적으로 한자 쓰기의 획 순서는 왼쪽에서 오른쪽, 위에서 아래로, 바깥 쪽에서 안쪽으로 안에서 바깥쪽으로이다. 한자를 올바르게 쓰려면 모든 획을 올바른 방식으로 쓰는 방법을 알아야 한다. 다음은 영어 설명과 함께 한자의 주요 획 목록이다.)

Stroke	Name
—	horizontal stroke
丨	vertical stroke
丿	down stroke to the left
＼	down stroke to the right
丶	dot
一	upward stroke
㇆	horizontal stroke with a vertical turn
㇇	horizontal stroke with a down stroke to the left
㇀	horizontal stroke with a hook
㇗	vertical stroke with a horizontal turn to the right
㇄	vertical stroke combined with a level bending stroke
㇌	vertical stroke with a upward stroke
㇖	vertical stroke with a hook
㇛	down stroke to the left combined with a turn to the right
㇏	down stroke to the left combined with a dot
㇙	bending stroke with a hook
㇂	slant stroke with a hook
㇐	level bending stroke with a hook
㇙	horizontal stroke with a vertical turn and a level bending stroke
㇆	horizontal stroke with a vertical turn and a upward stroke
㇆	horizontal stroke with a vertical turn and a hook
㇊	vertical stroke with a level turn and a down stroke to the left
㇄	vertical stroke combined with a level bending stroke and a hook
㇌	horizontal stroke with a double turn and a down stroke to the left
㇋	horizontal stroke with a down stroke to the left and a bending stroke with a hook
㇟	horizontal stroke with a vertical turn and a bending stroke with a hook
㇉	vertical stroke with a double turn and a hook
㇡	horizontal stroke with a triple turn and a hook

A list of major strokes of Chinese characters(한자의 주요 획 목록)
(https://community.travelchinaguide.com/learn-chinese/characters.asp)

2. 한자 획 쓰기 순서(Writing orders of Chinese strokes)

Chinese strokes are applied in given orders while shaping the characters. Basically, the stroke orders in writing Chinese characters are from left to right, from top to bottom, from outside in and from center out. Basically, there are eight rules of Chinese Character stroke order. (중국어 획은 문자를 형성하는 동안 지정된 순서로 적용된다. 기본적으로 한자 쓰기의 획 순서는 왼쪽에서 오른쪽, 위에서 아래로, 바깥 쪽에서 안쪽으로 안에서 바깥쪽으로이다. 기본적으로 한자 획 순서에는 다음과 같은 8 가지 규칙이 있다.

(1) Characters should generally be written from top to bottom, left to right. Horizontal strokes go from left to right. If you have two horizontal strokes, then the top one comes first. This can be seen in characters like 二 or 首. If the character has two or three components, like 謝, then start with the component furthest to the left, then the middle one, then the right one. (문자는 일반적으로 위에서 아래로, 왼쪽에서 오른쪽으로 작성해야 한다. 수평 스트로크(획)는 왼쪽에서 오른쪽으로 이동한다. 두 개의 수평 스트로크가 있으면 맨 위의 스트로크를 먼저 쓴다. 이것은 二 또는 首와 같은 문자에서 볼 수 있다. 캐릭터에 謝와 같은 두 개 또는 세 개의 구성 요소가 있는 경우 가장 왼쪽에 있는 구성 요소부터 시작하여 중간 구성 요소, 오른쪽 구성 요소로 진행된다.)

(2) When horizontal and vertical strokes intersect, the horizontal

stroke (or strokes) comes first. The vertical stroke (or strokes) is often the finishing stroke. Examples: 件, 十, 事 , 弗 (Technically, the vertical stroke in 事 is a hook stroke, but the same principle applies.)(가로 스트로크와 세로 스트로크가 교차하면 가로 스트로크가 먼저 표시된다. 수직 스트로크는 종종 마무리 스트로크이다. 예 : 件 , 十 , 事 , 弗 (기술적으로 事의 수직 스트로크는 후크 스트로크이 지만 동일한 원칙이 적용된다.)

(3) Enclosures are written before the contents, starting with the left vertical, then the top and right in a single stroke. If there is a bottom horizontal stroke on the enclosure, it is written after the contents. Examples: 间, 回, 日, 月 (엔클로저(덮개)는 왼쪽 세로에서 시작하여 한 번의 스트로크로 위쪽과 오른쪽으로 내용 앞에 기록된다. 인클로저 에 하단 수평 스트로크가 있으면 내용 뒤에 기록된다. 예 : 间 , 回 , 日 , 月)

(4) Bottom enclosures come last. Examples: 远, 脑 (하단 인클로저 는 마지막에 온다. 예 : 远 , 脑)

(5) Right-to-left diagonals come before left-to-right diagonals. Examples: 人, 父, 六 . Also note that the top stroke in characters like 看 and 千 is a right-to-left diagonal. And the lower-left stroke in 没 and 冷 is written from the lower left corner towards the center. (오른쪽에서 왼쪽 대각선은 왼쪽에서 오른쪽 대각선보다 앞에

온다. 예 : 人 , 父 , 六. 또한 看 및 千과 같은 문자의 상단 획은 오른쪽에서 왼쪽 대각선이다. 그리고 没과 冷의 왼쪽 아래 획은 왼쪽 아래 모서리에서 중앙을 향해 쓴다.)

(6) In vertically symmetrical characters, the center comes before the outside. Examples: 小, 永, 承 (수직 대칭 문자에서는 중앙이 바깥 쪽보다 앞에 작성된다. 예 : 小 , 永 , 承)

(7) Upper-left and upper-center dots come first. Examples: 六, 文, 请, 间, 弟
(왼쪽 상단 및 중앙 상단 점이 먼저 표시된다. 예 : 六 , 文 , 请 , 间 , 弟)

(8) Upper-right and inside dots come last. Examples: 玉, 书, 求
(오른쪽 상단 및 내부 점이 마지막에 표시된다. 예 : 玉 , 书 , 求)

Unit 4

한국어 중국어 영어회화
(Korean Chinese English conversation)

4-1. 기본 회화 I (Basic conversation I)

제1과
안녕하세요?
(How are you?,
你好!)

----

* 인숙(In sook): 안녕하세요?(How are you? 你好! Nǐ hǎo!)

\# Richard: 네, 안녕하십니까?(Fine, How are you? 我很好, 你呢?
　　　　　 Wǒ hěn hǎo, nǐ ne?)

----

* 인숙(In sook): 처음 뵙겠습니다[1].(How do you do? 你好。Nǐ
　　　　　 hǎo.)

\# Richard: 처음 뵙겠습니다.(How do you do? 你好。Nǐ hǎo.)

----

1) The meaning of '처음뵙겠습니다.' sentence itself is 'I meet you for the first time.' But its real meaning is something like 'It is an honor to meet you.(만나서영광입니다.)' or 'It is nice to meet you.(만나서반갑습니다.)' But in Chinese, they don't say '처음뵙겠습니다.(初次見面 [初次见面]! Chūcì jiànmiàn)' for greetings. They generally say '很高興見到你 [很高兴见到你] Hěn gāoxìng jiàn dào nǐ (만나서반갑습니다.)', 很榮幸見到你 [很荣幸见到你] Hěn róngxìng jiàn dào nǐ! (만나서영광입니다.), '久仰 Jiǔyǎng (말씀많이들었습니다.)' etc.

* 인숙(In sook): 한국은 처음이세요?(Is it your first time in Korea? 這是你第一次來韓國嗎? [这是你第一次来韩国吗?] Zhè shì ní dì yī cì lái hánguó ma?)

Richard: 네, 처음입니다. 잘 부탁드립니다.(Yes, this is the first time. I will appreciate your help and encouragement. 是的, 第一次來, 請多指教。 [是的, 第一次来, 请多指教。] Shì de, dì yī cì lái, qǐng duō zhǐjiào.)

---

* 인숙(In sook): 저는 김인숙이라고 합니다. 성함이 어떻게 되세요?(I am Kim Insook. What's your name ? 我叫金仁淑。你叫什麼名字? [我叫金仁淑。你叫什么名字?] Wǒ jiào jīnrénshū. Nǐ jiào shénme míngzì?)

Richard: 제 이름은 리차드입니다. 미국에서 왔습니다.(My name is Richard. I am from Unites States of America. 我叫理查德, 來自美國。 [我叫理查德, 来自美国。] Wǒ jiào lǐ chá dé, láizì měiguó.)

---

* 인숙(In sook): 아, 그러세요? 만나서 반갑습니다.(Oh, Really? Glad to meet you. 哦, 是嗎? 很高興認識你。 [哦, 是吗? 很高兴认识你。] Ó, shì ma? Hěn gāoxìng rènshí nǐ.)

Richard: 네, 저도 만나서 반가워요.(Glad to meet you too. 我也很高興認識你。[我也很高兴认识你。] Ó, shì ma? Hěn gāoxìng rènshí nǐ.)

----

* 인숙(In sook): 안녕히 가세요.(Good bye.再见! Zàijiàn!)

Richard: 네, 안녕히 계십시오.(Good bye.再见! Zàijiàn!)

===

- The basic form of '안녕하세요?' is '안녕하다'. '안녕하다' is the same meaning of '편안하다'. These words mean safe or comfortable. They are from chinese 安寧, 便安. '하다' is very typical adjective form in Korean. For example, '깨끗하다', '시원하다' etc. And '하세요?' is the questionable form of '하다' and '합니다(honorific form of '하다')'.
- '처음' means 'first' or 'for the first time'.
- '처음이세요?' is the questionable form of '처음입니다'. And the '처음입니다' is the honorific form of '처음이다'.
- The basic form of '뵙겠습니다' is '뵙다'. '뵙다' is the honorific form of '보다(see)'. '뵙겠습니다' is the same with '뵙습니다'. These words are the honorific form of '보다(see)'.
- '잘부탁드립니다' is very common korean expression that is used very often in the first meeting with people. The basic form of

'부탁드립니다' is '부탁하다'. '부탁하다' is a verb which means 'make a request'. '잘' means the adverb 'well'.

- The basic form of '반갑습니다' is '반갑다'. '반갑습니다' is the honorific form of '반갑다'. '반갑다' is the same with '반가워'.

- '안녕히' is the adverbial form of adjective '안녕하다'.

- The basic form of '가세요' is '가다', which means 'go'. '가세요' is the instructive(ordering) form of '가다', and the same with '가십시오'.

- The basic form of '계십시오' is '계시다', which is the honorific form of '있다(remain, be left)'.

제2과

한국어를 하세요?

(Can you speak Korean?

你會說韓語嗎? 你会说韩语吗?

Nǐ huì shuō hányǔ ma?)

----

* 인숙(In sook): Richard 씨, (당신은) 한국어(를) 하세요?(Mr. Rich
    ard, Do you speakKorean? 理查德先生, 你會說
    韓語嗎? [理查德先生, 你会说韩语吗?] Lǐ chá
    dé xiānshēng, nǐ huì shuō hányǔ ma?)

Richard: 네, (저는) 한국어를 조금 합니다. (Yes, I can speak Kor
    ean a little. 是的, 會說一點。[是的, 会说一点。] Shì
    de, huì shuō yīdiǎn.)

----

* 인숙(In sook): 아, 그러세요? 어디서 한국어를 배웠나요?(Oh, do
    you? Where did you learn Korean? 哦, 是嗎? 你
    在哪裡學韓語? [哦, 是吗? 你在哪里学韩语?]
    Ó, shì ma? Nǐ zài nǎlǐ xué hányǔ?)

Richard: 저는 대학(교)에서 한국어를 배웠어요.(I learned Korean at

university.　我在大學學過韓語。[我在大学学过韩语。]
Wǒ zài dàxué xuéguò hányǔ.)

----

* 인숙(In sook): 한국어는 어렵지 않나요?(Is not Korean difficult?
韓語不難嗎? [韩语不难吗?] Hányǔ bù nán ma?)

Richard: 네, 매우 어렵습니다.(Yes, It is very difficult. 是的, 很
難。[是的, 很难。] Shì de, hěn nán.)

----

* 인숙(In sook): 그런데 한국어를 참 잘 하시네요.(But you speak
Korean very well. 但是您的韓語說得很好。 [但
是您的韩语说得很好。] Dànshì nín de hányǔ
shuō dé hěn hǎo.)

Richard: 정말요? 인숙씨도 영어를 참 잘 하시네요.(Really? You
speak English very well too. 真的嗎?您的英語也說得
很好。 [真的吗?您的英语也说得很好。] Zhēn de ma?
Nín de yīngyǔ yě shuō dé hěn hǎo.)

----

* 인숙(In sook): 아닙니다. 아직도 많이 부족합니다.(No, it is still
not enough. 哪裡哪裡, 還差得遠呢。[哪里哪里,
还差得远呢。] Nǎlǐ nǎlǐ, hái chà dé yuǎn ne)

Richard: 영어를 얼마나 오래 배웠죠?(How long have you

learned English? 您學習英語多長時間了? [您学习英语多长时间了?] Nín xuéxí yīngyǔ duō cháng shí jiānle?)

---

* 인숙(In sook): 10년쯤 배웠습니다.(I have learned it for about 10 years. 學了十年左右。 [学了十年左右。] Xuéle shí nián zuǒyòu.)

Richard: 오랫동안 배웠군요.(You have learned it for a long time. 那你學了很長時間了。[那你学了很长时间了。] Nà nǐ xuéle hěn cháng shíjiānle.)

===

- '~(를) 하세요?' is used very often in korean conversation. For example, '골프하세요?(Do you play golf?)', '아침식사하세요?(Do you eat breakfast?)', etc. And when you are asked like that, you can reply as '네, 합니다' or '아닙니다(아뇨)'.
- '아' is an interjection like 'oh!'.
- '배웠나요?' is an honorific form of '배웠니?' or '배웠어?'. It's basic form is '배우다(learn, study)'. '배웠나요?' is a questioning form of '배웠다', and '배웠다' is a past form of '배우다'.
- '대학교' means 'university'.
- '어렵다' means 'difficult'. '~ 않나요?' is an expression of

something like tag question. For example, '골프는 어렵지 않나요?(Golf is difficult to play, isn't it?)', 그는 미국에 살지 않나요?(Does't he live in America?), etc.

- '매우' is 'very'.
- '어렵습니다' is the honorific form of '어렵다(or 어려워)'. '어렵다' is the basic form of '어렵습니다'. The antonym of '어렵다' is '쉽다(easy)'.
- '참' is 'very'. '잘하시네요' is the same expression with '잘합니다' and '잘해요', means 'be good at something'. For example, '나는 한국어를 잘합니다.(I am good at korean.)', '그는 운동을 잘해요.(He is good at sports.)', etc.
- '아직도' means 'still'. '부족합니다(basic form is'부족하다')' means 'lack', 'not enough'.
- '얼마나 오래' means 'how long'. '오래' means 'long time'. '얼마' means 'how much' or 'how many', It is usually used in asking the quantity(including uncountable mount) of something. For example, '이 책 얼마 입니까?(How much is this book?)', '시간이 얼마(나) 걸립니까?(How long does it take?)'
- '배웠죠?' is the same with '배웠지요?' or '배웠습니까?'
- '년' means 'year'. '쯤' means 'about'.
- '오랫동안' means 'for a long time'. '동안' means 'for some time(period)'. For example, '10년동안(for 10 years)', '휴가 동안(during vacation)' etc.
- '배웠군요' is very similar to '배웠네요', but a little bit different

with '배웠습니다', but these 3 expressions are almost the same.

* Comparison of pronunciation between Korean Chinese character and original Chinese (한국의 한자와 중국어 발음 비교)

	Chinese Pinyin, Korean Pronunciation (한어병음, 한국어 발음)	Korean Chinese Pronunciation Romanization(한국 한자음 로마자 표기, 한국어 발음)
韓國語(韩国语)	[Hanguoyu] [한꿔위]	[Hangukco] [한국어]
英語(英语)	[Yingyu] [잉위]	[Yeongeo] [영어]
大學校(大学校)	[Daxuexiao] [따쉐샤오]	[Daehakgyo] [대학교]

제3과

어디서 오셨습니까?

(Where are you from?

你是哪里人?

Nǐ shì nǎlǐ rén)

----

* 인숙(In sook): Richard 씨, 안녕하세요!(Hello, Richard! 你好! 理
查德。Nǐ hǎo! Lǐ chá dé.)

\# Richard: 인숙씨, 안녕하세요! 기다리게 해서 죄송합니다.(Hello,
Insook, I am sorry to have kept you waiting. 好! 金仁
淑。抱歉讓您久等了。[你好! 金仁淑。抱歉让您久等
了。] Nǐ hǎo! Jīnrénshū. Bàoqiàn ràng nín jiǔ děngle.)

----

* 인숙(In sook): 아니에요, 괜찮습니다. Richard 씨, (당신은) 어디서
(or 어디에서) 오셨습니까?(No, it's okay. Richard,
Where are you from? 沒事。理查德, 你是哪里
人? [没事。理查德, 你是哪里人?] Méi
shì. Lǐ chá dé, nǐ shì nǎlǐ rén?)

\# Richard: 저는 미국에서 왔습니다.(I am from America. 我來自美

國。[我来自美国。] Wǒ láizì měiguó.)

----

* 인숙(In sook): 한국에는 무슨 일로 오셨습니까?(What made you come to Korea? 你來韓國干嘛? [你是来韩国幹嘛?] Nǐ shì lái hánguó gàn ma?)

Richard: (저는) 사업차 왔습니다.(I came here for business. 我是來這裡做生意的。[我是来这里做生意的。] Wǒ shì lái zhèlǐ zuò shēngyì de.)

----

* 인숙(In sook): 한국에는 언제 오셨습니까?(When did you come to Korea? 你什麼時候來韓國的? [你什么时候来韩国的?] Nǐ shénme shíhòu lái hánguó de?)

Richard: 며칠 전에 도착했습니다.(I have arrived a few days ago. 我幾天前到了。[我几天前到了。] Wǒ jǐ tiān qián dàole.)

----

* 인숙(In sook): 한국 음식은 어떻습니까?(How do you like Korean food? 您覺得韓國菜怎麼樣? [您觉得韩国菜怎么样?] Nín juédé hánguó cài zěnme yàng?)

Richard: 좋습니다. 그런데 조금 너무 매워요.(Good, but a little too hot. 好吃啊, 不過有點太辣了。[好啊, 不过有点

太辣了。] Hǎo chī a, bùguò yǒudiǎn tài làle.)

----

* 인숙(In sook): 안녕히 가세요.(Good bye. 再見! [再见!] zàijiàn!)

Richard: 네, 다음에 봬요.(Ok(or Yes), See you later. 好, 再見!
[好, 再见!] Hǎo, zàijiàn!)

==

- '어디서' is the same meaning with '어디에서'. It is the combi
nation of '어디(where)' and '서(or 에서)(=from)'.
- '오셨습니까?' is the questioning form of '오셨습니다'. The basic
form of '오셨습니다' is '오다(come)'. '오셨습니다' is the past
and honorific form '오다', and the honorific form of '왔습니다'.
- '저' is the honorific form of '나'.
- '무슨' is what. '무슨 일' means 'what business'. '일' is 'work or
business'. '무슨 일로' means 'for what business'. '로' here
means 'for' and it can be replaced with '때문에'.
- '사업(事業)' is business, the same meaning of '일'. '사업차' is
the same meaning with '사업때문에'. '차' in korean is very often
used for expressing purpose.
- '언제' means 'when'.
- '며칠' means 'several days'. '전에' is composed of '전' and '에'.
'전' means 'before'. As mentioned before, '에' is a postpositio

nal particle, which is used to express places or times. '다음에' is composed of '다음' and '에'. '다음' is 'next time'.

- '음식(飮食)' is 'food'. '어떻습니까?' is a questioning word meaning 'How is it?'.

- '좋습니다' is a adjective meaning 'good', its basic form is '좋다'. It is the honorific form of '좋다'.

- '그런데' is 'by the way' or 'but'. '조금' is 'a little'. '너무' is 'too'. The basic form of '매워요' is '맵다(hot)'. '매워요' is the honorific form of '맵다'.

- '봬요' can be replaced with '봅시다', its meaning is 'Let's meet'.

제4과

어디에 사세요?

(Where do you live?

你住在哪裡? [你住在哪里?]

Nǐ zhù zài nǎlǐ?)

----

* 인숙(In sook): Richard 씨, (당신은) 어디에 사세요?(Mr. Richard, Where do you live? 理查德先生, 你住在哪裡? [理查德先生, 你住在哪里?] Nǐ zhù zài nǎlǐ?)

Richard: 저는 서울에 살아요.(I live in Seoul. 我住在首爾。[我住在首尔。] Wǒ zhù zài shǒu'ěr.)

----

* 인숙(In sook): 서울 생활 어때요?(How do you like living in Seoul? 你在首爾過得怎麼樣? [你在首尔过得怎么样?] Nǐ zài shǒu'ěrguò dé zěnme yàng?)

Richard: 좋아요. 그런데 서울에는 사람이 너무 많아요.(Very good. But there are too many people in Seoul. 很好, 但是首爾人口太多了。Hěn hǎo, dànshìshǒu'ěr rén kǒu tài duōle.)

----

* 인숙(In sook): 맞아요. 서울은 한국의 수도입니다, 그렇기 때문에 사람들이 많이 살고 있습니다.(That's right. Seoul is the capital of Korea, so(therefore) there are so many people living. 沒錯, 首爾是韓國的首都, 所以有很多人住在這裡。[没错, 首尔是韩国的首都, 所以有很多人住在这里。] Méicuò, shǒu'ěr shì hánguó de shǒudū, suǒyǐ yǒu hěnduō rén zhù zài zhèlǐ.)

Richard: 인숙씨의 고향은 어디죠? (Where is your hometown? 你的家鄉在哪裡? [你的家乡在哪里?] Nǐ de jiāxiāng zài nǎlǐ?)

----

* 인숙(In sook): 제 고향은 부산입니다. (My hometown is Busan. 我的家鄉是釜山。 [我的家乡是釜山。] Wǒ de jiāxiāng shì fǔshān.)

Richard: 정말요?(Really? 真的嗎? [真的吗?] Zhēn de ma?)

----

* 인숙(In sook): 그렇습니다. 부산에 간 적이 있나요? (Yes, Have you been to Busan? 是的。你去過釜山嗎? [是的。你去过釜山吗?] Shì de. Nǐ qùguò fǔshān ma?)

Richard: 아뇨. 하지만 다음에 가보고 싶어요.(No, but I want to go next time. 沒去過, 但是以後想去看看. [没去过, 但是以后想去看看.] Méi qùguò. Dànshì yǐhòu xiǎng qù kàn kàn.)

===

- '사세요' is a questioning of '살아요'. The basic form of '살아요' is '살다(live)', And it is the honorific form of '살다'.
- '서울' means 'Seoul'. '생활(生活)' means 'life'. '어때요?' is the same word with '어떻습니까?', they are all questioning forms.
- '많아요' means 'There's a lot'. The basic form of it is '많다 (many, much)', and '많아요' is the honorific form of '많다(많아)'.
- '맞아요' means 'right', is very often used for agreeing to other people's opinion.
- '의' is a possessive postposition word(소유격조사). For example, 나의 책(my book), 당신의 책(your book), 그 사람의 책(his book), 그 여자의 책(her book), 그들의 책(their book), 인숙의 책(In sook's book)
- '수도(首都)' means 'capital'.
- '그렇기 때문에' is the same as '그래서' or '그러므로', these mean 'therefore'.
- '많이' is the adverbial form of '많다'.

- '살고 있습니다' is the present progressive form of '삽니다'. The basic form of '삽니다' is '살다'.
- '고향(故鄕)' means 'hometown'. '어디죠?' means 'Where is?', is the same with '어디지요?' or '어디입니까?'.
- '제' is the same word with '저의', is the honorific form of '나의 (my)'. 부산is 'Busan'.
- '정말요?' is 'really?'. '정말' means 'truth'. '정말요?' is the same as '정말입니까?'.
- '그렇습니다' is the same word with '맞아요', means 'That(It)'s right.'
- '~적이 있나요?' is a very useful expression of asking one's experience. For example, '간 적이 있나요?(Have you ever been to)', 먹은 적이 있나요?(Have you ever eaten), '산적이 있나요?(Have you ever been in)' etc.
- '아뇨' means 'no'. It is the same with '아니오' or '아닙니다'.
- '하지만' means 'but', is the same word with '그러나', '그렇지만'.
- '~고 싶어요' is an expression of hope of doing something. For example, '가고 싶어요(want to go)', '먹고 싶어요(want to eat)', '살고 싶어요(want to live)' etc. '가보고' is the combination of '가다(go)' and '보다(see)', is very popular form of korean convertsation. For example, '먹어보다(try to eat)', '살아보다(try to live)', '가보다(try togo)', etc.

* Comparison of pronunciation between Korean Chinese character and original Chinese (한국의 한자와 중국어 발음 비교)

	Chinese Pinyin, Korean Pronunciation (한어병음, 한국어 발음)	Korean Chinese Pronunciation Romanization(한국 한자음 로마자 표기, 한국어 발음)
事業(事业)	[Shiye] [셔예]	[Sa eob] [사업]
飮食(饮食)	[Yinshi] [인쓰]	[Eum sik] [음식]
生活(生活)	[Shenghuo] [성훠]	[Saeng hwal] [생활]
首都(首都)	[Shoudu] [소우두]	[Su do] [수도]
故鄕(故乡)	[Guxiang] [꾸샹]	[Go hyang] [고향]

제5과

어디에 가세요?

(Where are you going?

你要去哪裡? [你要去哪里?]

Nǐ yào qù nǎlǐ?)

---

* 인숙(Insook): Richard 씨, 지금 어디에 가세요?(Mr. Richard, Where
　　　　　　are you going now or Where do you go now?
　　　　　　理查德先生, 你現在要去哪裡? [理查德先生, 你
　　　　　　現在要去哪里?] Li chá dé xiānshēng, ni xiànzài
　　　　　　yào qù nali?)

Richard: (저는) 백화점에 가요. (I am going to department store.
　　　　　我要去百貨商店。 [我要去百货商店。] Wǒ yào qù
　　　　　bǎihuò shāngdiàn.)

---

* 인숙(In sook): 네, 또 봬요!(Ok, see you again! 好, 再見![好, 再
　　　　　　见!] Hǎo, zàijiàn!)

Richard: 네, 다음에 봬요. 인숙씨는 어디에 가세요?(Yes, see you
　　　　　again. Where are you going, In sook? 好, 再見! 仁淑,

你要去哪裡？ [好, 再见! 仁淑, 你要去哪里?] Hǎo, zàijiàn! Rén shū, nǐ yào qù nǎlǐ?)

---

* 인숙(In sook): 저는 공원에 운동하러 갑니다.(I am going to the park to do exercise. 我要去公園做運動。 [我要去公园做运动。] Wǒ yào qù gōngyuán zuò yùndòng.)

Richard: 무슨 운동을 좋아해요?(What kind of exercise do you like? 你喜歡什麼運動? [你喜欢什么运动?] Nǐ xǐhuān shénme yùndòng?)

---

* 인숙(In sook): 저는 테니스를 좋아합니다. (I like tennis. 我喜歡網球。 [我喜欢网球。] Wǒ xǐhuān wǎngqiú.)

Richard: 정말요?(Really? 真的? Zhēn de?)

---

* 인숙(In sook): 그렇습니다. 저는 학생 때부터 스포츠를 좋아했어요.(Yes, I have loved sports since I was a student. 是的, 我從學生時期開始就喜歡運動。 [是的, 我从学生时期开始就喜欢运动。] Shì de, wǒ cóng xuéshēng shíqí kāishǐ jiù xǐhuān yùndòng.)

Richard: 그래요? 공원에서 즐거운 시간 보내세요!(Really? Have a

pleasant time at the park! 是嗎? 希望你在公園玩得開心。 [是吗? 希望你在公园玩得开心。] Shì ma? Xī wàng nǐ zài gōngyuán wán dé kāixīn.)

---

* 인숙(In sook): 감사합니다.(Thank you. 謝謝。 [谢谢。] Xièxiè.)

\# Richard: 다음에 봬요!(See you next time! 再見! [再见!] zàijiàn!)

===

- '지금' is 'now'.
- '백화점' is 'department store'.
- '또' means 'again' or 'once more'.
- '공원' means 'park'. '운동' means 'work out'. '~하러' is used for expression of purpose. For example, '운동하러(to work out)', '산보하러(to take a walk)', '식사하러(to eat)', etc.
- '테니스' is tennis.
- '스포츠' means 'sports'. There are many foreign words(외래어) in Korean.
- '때부터' means 'from~time'. For example, '어릴 때부터(from childhood)', '그때부터(from then on, from that time)' etc.
- '그래요?' is the same with '그러세요?', '정말요?' or '그렇습니까?'
- '즐거운' means 'pleasant', '시간' means 'time'. The basic form

of '보내세요' is '보내다(spend)', '보내세요' is instructive and suggestive form of '보내다(spend)', and a honorific form of '보내' or '보내라'.

- '감사합니다' means 'thank you', is originated from chinese '感謝'.

* **Comparison of pronunciation between Korean Chinese character and original Chinese (한국의 한자와 중국어 발음 비교)**

	Chinese Pinyin, Korean Pronunciation (한어병음, 한국어 발음)	Korean Chinese Pronunciation Romanization(한국 한자음 로마자 표기, 한국어 발음)
百貨店(百货店)	[Baihuodian] [빠이훠띠엔]	[Baekhwa jeom] [백화점]
公園(公园)	[Gongyuan] [꿍위엔]	[Gong won] [공원]
運動(运动)	[Yundong] [윈뚱]	[Undong] [운동]
卓球(桌球,乒乓球)	[Zhuoqiu] [쭈어치우]	[Tak gu] [탁구]
時間(时间)	[Shijian] [쓰지엔]	[Sigan] [시간]
感謝(感谢)	[Ganxie][깐시에]	[Gam sa] [감사]

제6과

오늘은 무슨 요일이죠?

(What day is it today?

今天是星期幾? [今天是星期几?]

Jīntiān shì xīngqí jǐ?)

---

* 인숙(In sook): 리차드씨, 오늘은 무슨 요일이죠?(Richard, what
　　　　　　　　 day is it today? 理查德, 今天星期幾? [理查德,
　　　　　　　　 今天星期几?] Lǐ chá dé, jīntiān xīngqí jǐ?)

\# Richard: 오늘은 금요일입니다.(Today is Friday. 今天是星期五。
　　　　　　 Jīntiān shì xīngqíwǔ.)

---

* 인숙(In sook): 그럼 오늘은 몇 월 몇 일이죠?(So what date is it
　　　　　　　　 today? 那今天是幾月幾日? [那今天是几月几
　　　　　　　　 日?] Nà jīntiān shì jǐ yuè jǐ rì?)

\# Richard: 오늘은 8월 4일입니다.(It is August 4th. 今天是八月四
　　　　　　 日。Jīntiān shì bā yuè sì rì)

---

* 인숙(In sook): 시간이 정말 빨리 흐르네요. 리차드씨가 한국에 오

신지도 1년이 지났네요. 그런데 옆에 계신 분은 누
구세요?(How time flies. It's been a year since
Richard came to Korea. But who is next to you?
時間過得真快。理查德來韓國已經一年了。不過
你旁邊是誰?

Richard: 참 제가 깜박했군요. 여기는 제 약혼녀 Sara입니다. 저희
는 올해 가을 10월 5일에 결혼할 예정 입니다..(Oh, I
almost forgot. This is my fiancée Sara. We are going
to get married on October 5 this fall. 哎呀, 我差點忘
了, 這是我的未婚妻薩拉。我們計劃今年秋天10月5日
結婚。 [哎呀, 我差点忘了, 这是我的未婚妻萨拉。我
们计划今年秋天10月5日结婚。] Āiyā, wǒ chàdiǎn
wàngle, zhè shì wǒ de wèihūnqī sà lā. Wǒmen jìhuà
jīnnián qiūtiān 10 yuè 5 rì jiéhūn.)

----

* 인숙(In sook): 진짜요? 정말 축하 드려요.(Really? I really congratu
late you. 衷心祝賀你![真的吗? 衷心祝
贺你!] Zhēn de ma? Zhōngxīn zhùhè nǐ!)

#Richard: 감사합니다. 인숙씨는 아직도 이 빌딩에 사세요?(Really?
Do you still live in this building? 謝謝。你還住在這棟
樓嗎? [谢谢。你还住在这栋楼吗?] Xièxiè. Nǐ hái zhù
zài zhè dòng lóu ma?)

----

* 인숙(In sook): 네, 저는 여기서 2년째 살고 있어요. 이 건물 3층 첫 번째 집에 살아요.(Yes, I've been living here for 2 years. I live in the first house on the third floor of this building. 是的, 我已經在這裡住了兩年了。我住在這棟大樓三樓的第一間房子。 [是的, 我已经在这里住了两年了。我住在这栋大楼三楼的第一间房子。] Shì de, wǒ yǐjīng zài zhèlǐ zhùle liǎng niánle. Wǒ zhù zài zhè dòng dàlóu sān lóu de dì yī jiàn fángzi.)

Richard: 여기는 시내 근처라 시끄럽진 않나요?(Isn't it noisy because it's near downtown? 這裡靠近市區, 會不會很吵? [这里靠近市区, 会不会很吵?] Zhèlǐ kàojin shì qū, huì bù huì hěn chǎo?)

----

* 인숙(In sook): 아뇨, 여기는 조용한 편이에요. 시내에 올 때 저희 집에 한번 놀러 오세요.(No, it's kind of quiet here. Come and visit us when you come downtown. 沒有, 這裡很安靜。你以後來市區時順便來我家玩。 [没有, 这里很安静。你以后来市区时顺便来我家玩。] Méiyǒu, zhèlǐ hěn ānjìng. Nǐ yǐ hòulái shì qū shí shùnbiàn lái wǒ jiā wán yī wán.)

Richard: 그럴게요, 다음에 봬요!(Ok, See you next time. 好的,

再見! [好的, 再见!] Hǎo de, zàijiàn!)

===

- '오신지도'is the same expression with '오신것도'.

Ex) 당신이 한국에 오신 지도 일 년이 되었네요=당신이 한국에 오신 것도 일
년이 되었네요..(It's been a year since you came to Korea.)
   - '시끄럽진' is a short form of '시끄럽지는'
   - '편이에요' is 'kind of' or 'tend to'

Ex) 그는 키가 큰 편이에요.(He is kind of tall.), 그는 술을 잘 마시는 편이에
요.(He is kind of good drinker.), 한국인들은 쉽게 흥분하는 편이
다.(Koreans tend to be easily excited.)

* Comparison of pronunciation between Korean Chinese character and
original Chinese (한국의 한자와 중국어 발음 비교)

	Chinese Pinyin, Korean Pronunciation (한어병음, 한국어 발음)	Korean Chinese Pronunciation Romanization(한국 한자음 로마자 표기, 한국어 발음)
約婚女(约婚女,约婚妻)	[Yuehunnv] [웨훈뉘]	[Yak hon nyeo] [약혼녀]
祝賀(祝贺)	[Zhuhe] [쭈허]	[Chuk ha] [축하]
市內(市内)	[Shinei] [쓰네이]	[Si nae] [시내]

* 의문형용사, 의문대명사, 의문부사(interrogative adjectives, interroga
tive pronouns, interrogative adverbs)~

-무엇, 무슨, 어떤, 어느 --------- what

예)당신은 무엇을 공부합니까?(What do you study? 你學什麼? [你学什么?]
　　Nǐ xué shénme?)

예)이것은 무엇입니까?(What is this? 這是什麼? [这是什么?] Zhè shì
　　shénme?)

예)당신은 무슨(어떤) 공부를 합니까?(What do you study? 你學什麼? [你学
　　什么?] Nǐ xué shénme?)

예)당신은 어느(무슨, 어떤) 나라 사람입니까?(What country are you from? 你
　　是 哪 国人? [你是哪国人?] Nǐ shì nǎ guórén?)

-누구 --------------- who, whose, whom

예)그는 누구입니까?(Who is he? 他是誰? [他是谁?] Tā shì shuí?)

예)당신은 누구를 좋아합니까?(Who do you like? 你喜歡誰? [你喜欢谁?] Nǐ
　　xǐhuān shuí?)

예)누가(누구가) 당신의 아들입니까?(Who is your son? 你兒子是誰? [你儿子
　　是谁?] Nǐ érzi shì shéi)

예)그녀는 누구의 딸입니까?(Whose daughter is she? 她是誰的女兒? [她是谁
　　的女儿?] Tā shì shuí de nǚ'ér?)

예)그들이 누구를 초대했나요?(Whom did they invite? 他們邀請了誰? [他们
　　邀请了谁?] Tāmen yāoqǐngle shuí?)

-언제, 어디, 어떻게, 얼마(나) --------------- when, where, how

예)그는 언제 오나요?(When does he come? 他什麼時候來? [他什么时候来?]
　　Tā shénme shíhòu lái?)

예)그는 어디(~에, ~에서) 살아요?(Where does he live? 他住哪兒? [他住哪

儿?] Tā zhù nǎ'er?)

예)이것은 어떻게 먹나요?(How do you eat this? 這個怎麼吃? [这个怎么吃?]
Zhège zěnme chī)

예)이것은 얼마입니까?(How much is this? 這個多少錢? [这个多少钱?] Zhège
duōshǎo qián?)

예)부산에서 서울까지 얼마나 멉니까?(How far is it from Busan to Seoul? 釜
山到首爾有多遠? [釜山到首尔有多远?] Fǔshān dào shǒu'ěr yǒu duō
yuǎn?)

* 지시대명사(demonstrative pronouns)와 지시형용사(demonstrative ad
jectives)

이(이것), 이것들	this, these
저(저것), 저것들	that, those
그(그것), 그들, 그것들	that(it), they, those

예)이 책은 제 것 입니다.(This book is mine. 這本書是我的。[这本书是我
的。] Zhè běnshū shì wǒ de.)

예)이것은 제 책 입니다.(This is my book. 這是我的書。[这是我的书。] Zhè
shì wǒ de shū.)

예)이것들은 제 책 입니다.(These are my books. 這些是我的書。[这些是我
的书。] Zhèxiē shì wǒ de shū.)

예)저 책은 누구(의) 책입니까?(Who's book is that? 那本書是誰的? [那本书
是谁的?] Nà běnshū shì shuí de?)

예)저것은 나의 책 입니다.(That is my book. 那是我的書。[那是我的书。]
Nà shì wǒ de shū.)

예)저것들은 당신의 책입니까?(Are those your books?那些書是你的嗎? [那些
书是你的吗?] Nàxiē shū shì nǐ de ma?)

예)그 사람은 누구죠?(Who is that person? 那個人是誰? [那个人是谁?] Nà
gèrén shì shuí?)

예)그것은 무엇입니까?(What is that? 那是什麼? [那是什么?] Nà shì shénme?)
예)그들은 누구죠?(Who are they? 他們是誰? [他们是谁?] Tāmen shì shuí?)
예)그것들은 무엇이죠?(What are those? 那些是什麼? [那些是什么?])

* 기수(cardinal number)와서수(ordinal number)

0 영	5 오(다섯)	10 십(열)	22 이십이(스물둘)	200 이백
1 일(하나)	6 육(여섯)	11 십일(열하나)	99 구십구(아흔아홉)	999 구백구십구
2 이(둘)	7 칠(일곱)	12 십이(열둘)	100 백	1000 (일)천
3 삼(셋)	8 팔(여덟)	20 이십(스물)	101 백일	10000 (일)만
4 사(넷)	9 구(아홉)	21 이십일(스물하나)	102 백이	100000 (일)십만

1번째(첫째) First	5번째(다섯째) Fifth	9번째(아홉째) Ninth	30번째(서른번째) Thirtieth
2번째(둘째) Second	6번째(여섯째) Sixth	10번째(열째) Tenth	40번째(마흔번째) 40th
3번째(셋째) Third	7번째(일곱째) Seventh	11번째(열한번째) Eleventh	41번째(마흔한번째) 41th
4번째(넷째) Fourth	8번째(여덟째) Eighth	20번째(스무번째) Twentieth	50번째(쉰번째) 50th

* 주일[요일](Day of the week)

일요일 Sunday 星期日 xīngqírì	수요일 Wednesday 星期三 xīngqísān	토요일 Saturday 星期六 xīngqíliù
월요일 Monday 星期一 xīngqí yī	목요일 Thursday 星期四 xīngqísì	주중weekdays 工作日 gōngzuò rì
화요일 Tuesday 星期二 xīngqí'èr	금요일Friday 星期五 xīngqíwǔ	주말weekend 周末 zhōumò

* 월(month)

1월(일월) January	5월(오월) May	9월(구월) September
一月Yī yuè	五月Wǔ yuè	九月Jiǔ yuè
2월(이월) February	6월(유월) June	10월(시월) October
二月Èr yuè	六月Liù yuè	十月Shí yuè
3월(삼월) March	7월(칠월) July	11월(십일월) November
三月Sān yuè	七月Qī yuè	十一月Shíyī yuè
4월(사월) April	8월(팔월) August	12월(십이월) December
四月Sì yuè	八月Bā yuè	十二月Shí'èr yuè

* 사계절(four seasons 四季 sìjì)

봄spring	가을autumn
春chūn	秋qiū
여름summer	겨울winter
夏xià	冬dōng

* 시간 물어보기(asking time)

- 지금 몇시 입니까?(What time is it now? 現在幾點? [现在几点?] Xiànzài jǐ diǎn?)

- 두시 반입니다.(It is half past two. 兩點半。[两点半。] Liǎng diǎn bàn.)

- 열시 오 분 전입니다.(It is five to ten. 十點差五分。[十点差五分。] Shí diǎn chā wǔ fēn.)

- 아홉 시 십칠 분입니다.(It is nine seventeen. 九點十七分。[九点十七分。] Jiǔ diǎn shíqī fēn.)

* 나이 물어보기²⁾(asking age)

- **몇 살 입니까?(How old are you?你几岁?)**
- 저는 스물³⁾ 두 살입니다.(I am 22 years old. 我二十二歲。[我二十二岁。] Wǒ èrshí'èr suì.)
- 실례지만 연세⁴⁾가 어떻게 되세요⁵⁾?(Excuse me, how old are you? 請恕我冒昧地問一下, 您多大年紀了? [请恕我冒昧地问一下, 您多大年纪了?] Qǐng shù wǒ màomèi de wèn yīxià, nín duōdà niánjìle?)
- 올해 일흔 살 입니다.(I am 70 years old this year. 我今年七十歲了。[我今年七十岁了。] Wǒ jīnnián qīshí suìle.)

---

2) In Korea, people often ask the other person how old they are. In general, many Koreans don't think it is impolite to ask someone's age.

3) In Korean, we use ordinal numbers, not cardinal number, to say age. For example, we mostly say '서른살' instead of '삼십살'.

4) '연세' is the honorific expression of '나이'.

5) '어떻게되세요?' is a frequently used expression when you ask someone's age, name, or hometown etc. For example, '나이가어떻게되세요?(How old are you?)', 이름이어떻게되세요?(What's your name?), 고향이어떻게되세요?(Where's your hometown?) etc.

4-2. 기본회화Ⅱ(Basic conversationⅡ)

제1과
나는 대학생입니다.
(I am a university student.
我是大學生。[我是大学生。]
Wǒ shì dàxuéshēng.)

A(김영호): 당신은 중국인입니까?(Are you chinese?) - **您是中國人嗎?** (您是中国人吗?) Nín shì zhōngguó rén ma?

B(Mr. 왕): 네, 그렇습니다. 나는 중국인입니다. 당신도 중국인입니까?(Yes, I am. Are you chinese too?) - **對, 我是中國人。您也是中國人嗎?** (对, 我是中国人. 您也是中国人吗?) Duì, wǒ shì zhōngguó rén. Nín yěshì zhōngguó rén ma?

A: 저는 중국인이 아니고[6] 한국인입니다.(I am not chinese but korean.) - **我不是中國人, 我是韓國人。**(我不是中国人, 我是韩国人。) Wǒ bùshì zhōngguó rén, wǒ shì hánguó rén.

B: 당신은 학생입니까 선생님입니까?(Are you a student or a teacher?) - **您是學生還是老師?**(您是学生还是老师?) Nín shì

---

6) '아니고' is the short phrase of '아닙니다. 그리고'.

xuéshēng huán shì lǎoshī?

A: 저는 중국어과 학생입니다. 당신은요?(I am a student in the Chinese language department. And you?) - **我是中文系的學生, 您呢?**(我是中文系的学生。您呢?) Wǒ shì zhōngwén xì de xuéshēng. Nín ne?

B: 저는 중국관광객입니다. 당신은 중문과의 학생이죠?(I am a Chinese tourist. Are you a student in the Chinese language department?) - **我是中國遊客。您是不是中文系的學生。**(我是中国游客。您是中文系的学生吗? Wǒ shì zhōngguó yóukè. Nín shì zhōngwén xì de xuéshēng ma?

A: 그렇습니다[7]. 저는 국립안동대학교 중문과 1학년 학생입니다.(Yes, I am. I am a first year student at the National Andong University.) - **是的, 我是國立安東大學中文系一年級的學生。** **(是的,** 我是国立**安东**大学中文系一年级的学生。) Shì de, wǒ shì guólì ān dōng dàxué zhōngwén xì yī niánjí de xuéshēng.

B: 당신의 친구도 중문과의 학생입니까? (Is your friend a student in the Chinese language department too?) - **你的朋友也是中文系的學生嗎?** (你的朋友也是中文系的学生吗?) Nǐ de péngyǒu yěshì zhōngwén xì de xuéshēng ma?

A: 그는 중문과의 학생이아니고, 사학과의 학생입니다.(He is not a

---

7) '그렇습니다' means 'it is true'. The opposite form of it is '그렇지않습니다'.

student of the Chinese language department, but a student of the history department.) - 他不是中文系的學生, 他是歷史系的學生。(他不是中文系的学生, 他是历史系的学生。) Tā bùshì zhōngwén xì de xuéshēng, tā shì lìshǐ xì de xuéshēng.

B: 당신들은 모두 여기 사람입니까?(Are you guys all live here?) - **你們都是這裏的人嗎?**(你们都是这里的人吗?) Nǐmen dōu shì zhèlǐ de rén ma?

A: 아닙니다. 저는 부산사람이지만 나의 친구는 부산사람이 아니고 서울사람입니다. 당신은 부산에 간 적이 있습니까?(No, I am from Busan but my friend is not from Busan but from Seoul. Have you been to Busan?) - **不是, 我是釜山人, 不過我的朋友他不是釜山人, 而是首爾人。您去過釜山嗎?**(不是, 我是釜山人, 不过我的朋友他不是釜山人, 而是首尔人。您去过釜山吗?) Bùshì, wǒ shì fǔshān rén, bùguò wǒ de péngyǒu tā bùshì fǔshān rén, ér shì shǒu'ěr rén. Nín qùguò fǔshān ma?

B: 저는 부산을 알아요. 하지만 아직 간 적이 없습니다. 다음에 한번[8] 가보고 싶어요.(I know Busan. But I have not been there yet. I would like to go there next time.) - **我知道釜山, 但還沒去過那兒。以後我想去看看。**(我知道釜山, 但还没去过那儿。以后我想去看看。) Wǒ zhīdào fǔshān, dàn hái méi qùguò nà'er. Yǐhòu wǒ xiǎng qù kàn kàn

---

8) The original meaning of '한번' means 'one time'. But here it means '좀', which means 'try something to do'.

A: 당신은 한국에 자주 오세요?(Do you come to Korea often?) - 您常來韓國嗎? (您常来韩国吗?) Nín cháng lái hánguó ma?

B: 한국에 그렇게 자주 오진 않아요.(I do not come to Korea so often.) - 我不怎麼常來韓國。(我不怎么常来韩国。) Wǒ bù zě me cháng lái hánguó.

A: 저희 나라에 자주 오시는걸 환영합니다.(Welcome to our country often.) -歡迎您常來韓國。(欢迎您常来韩国。) Huānyíng nín cháng lái hánguó.

B: 감사합니다.(Thank you.) - 謝謝您。(谢谢您。) Xièxiè nín.

A: 천만에요. 안녕히 가세요!(You are welcome. Goodbye!) - 不用謝。再見! (不用谢。再见!) Bùyòng xiè. Zàijiàn!

B: 안녕히 가세요!(Goodbye!) - 再見!(再见!) Zàijiàn!

==

* Comparison of pronunciation between Korean Chinese character and original Chinese (한국의 한자와 중국어 발음 비교)

	Chinese Pinyin, Korean Pronunciation (한어병음, 한국어 발음)	Korean Chinese Pronunciation Romanization(한국 한자음 로마자 표기, 한국어 발음)
觀光客(观光客)	[Guanguangke] [꽌꽝커]	[Gwan gwang gaek] [관광객]
國立(国立)	[Guoli] [꿔리]	[Guk lip] [국립]
歡迎(欢迎)	[Huanying] [환잉]	[Hwan yeong] [환영]
史學(史学)	[Shixue][쓰쉐]	[Sa hak][사학]
中文(中文)	[Zhongwen][쭝원]	[Jung mun][중문]

구문익히기(Learn Korean phrases)

1. 나는~ 이다(입니다). (I am~, 我是~ Wǒ shì)

2. 나도~ 이다(입니다). (I am~too, 我也是~ Wǒ yěshì)

3. 나는~가아니다(아닙니다). (I am not~, 我不是~ Wǒ bùshì)

4. 당신은~ 입니까? (Are you~? 你是~ 嗎? [你是~ 吗?] Nǐ shì ~ma?)

5. ~적이있다.(have p・p~,~過 [~过]~guò)

6. 아직~ 적이없다.(haven't p・p~, 還沒~過 [还没~过] Hái méi ~guò)

7. ~고싶다.(would like to~, 想~ xiǎng)

1. 간단한 자기소개하기(Introduce oneself briefly, 做簡單的自我介紹 [做简单的自我介绍] Zuò jiǎndān de zìwǒ jièshào)

2. '~을 한 적이 있다(없다)'를 사용해 말해보기(Try to use with '~을한 적이 있다(없다)', 用 '~을한적이 있다(없다)'造句)

3. '~ 고싶다'를 사용해 말해보기(Try to use with '~ 고싶다', 用 '~고싶다' 造句)

제2과
당신의 이름은 무엇입니까[9]?
(What is your name?
你叫什麽名字?)

A(김영호): 당신[10]의 이름은 무엇입니까?(What is your name?)**您叫什麽名字?(您叫什么名字?) Nín jiào shénme míngzì?**

B(중국인): 제 성은 왕씨이고, 이름은 국안입니다. 당신은요?(My family name is Wang, and my first name is Guo-An. And you?)**我姓王, 名叫國安, 您呢? (我姓王, 名叫国安, 您呢?) Wǒ xìng wáng, míng jiào guó'ān, nín ne?**

A: 저는 김영호입니다.(I am Kim Youngho.)**我叫金英浩。(我叫金英浩。) Wǒ jiào jīn yīnghào.**

B: 중국어를 정말 잘하시네요.(You speak Chinese so well.)**您的中文真好。(您的中文真好。) Nín de zhōngwén zhēn hǎo.**

A: 별말씀을요. 저의 중국어는 그리 좋지 않습니다. 한국에는 처음 오신 겁니까?(No, my Chinese is not so well. Is this your first visit to Korea?) **哪裡, 哪裡。我的中文不怎麼好。您是第一次**

---

9) In practical Korean conversation, we usually say '어떻게되세요?' instead of '무엇입니까?'.

10) In real conversation, the word '당신' is rarely used. In Korean conversation, the word '당신' can sound somewhat rude or formal to the other person.

一次來韓國嗎? (哪里, 哪里。我的中文不怎么好。您是第一次来韩国吗?) Nǎlǐ, nǎlǐ. Wǒ de zhōngwén bù zě me hǎo. Nín shì dì yīcì yī cì lái hánguó ma?

B: 그렇습니다. 저는 한국에 처음왔어요. 그러나 제 여동생과 남동생은 여기 살아요. (Yes it is. This is my first visit to Korea. But my sister and brother live here.) 是的, 我是第一次來韓國。不過我妹妹弟弟住在這裏。(是的, 我是第一次来韩国。不过我妹妹弟弟住在这里。) Shì de, wǒ shì dì yī cì lái hán guó. Bùguò wǒ dìdì mèimei zhù zài zhèlǐ.

A: 그래요? 그들이 어떻게 한국에 살죠?(Really? How come do they live in Korea?)是嗎? 他們怎麼住在韓國呢? (是吗? 他们怎么住在韩国呢?) Shì ma? Tāmen zěnme zhù zài hánguó ne ne?

B: 제 여동생은 한국의 서울에서 일을 하고, 제 남동생은 한국안동대학교에 다니고 있습니다. (My sister works in Seoul, my brother studies in Andong National University.) 我妹妹在韓國的首爾工作, 我弟弟在韓國安東大學唸書。(我妹妹在韩国的首尔工作, 我弟弟在韩国安东大学念书。) Wǒ mèimei zài hánguó de shǒu'ěr gōngzuò, wǒ dìdì zài hánguó āndōng dàxué niànshū.

A: 남동생은 이름이 뭐에요? 저도 안동대학교 학생입니다.(What is your brother's name? I am also a student of Andong National University.)您的弟弟叫什麼名字? 我也是安東大學的學生。

(您的弟弟叫什么名字? 我也是安东大学的学生。) Nín de dìdì jiào shénmó míngzì? Wǒ yěshì āndōng dàxué de xuéshēng.

B: 정말요? 그의 이름은 동민이라고 해요. 당신은 안동에 살아요? (Really? His name is Dongmin. Do you live in Andong?) **真的嗎? 他叫東民。您住在安東嗎? (真的吗? 他叫东民。您住在安东吗?) Zhēn de ma? Tā jiào dōng mín. Nǐ zhù zài ān dōng ma?**

A: 그렇습니다. 저는 안동에 살아요. 그러나 제 고향은 안동이 아닙니다. 당신의 고향은 어디시죠?(Yes. I live in Andong. But my hometown is not Andong. Where is your hometown?)**是的, 我住在安東, 不過我的老家不是安東。您的祖籍是什麼地方? (是的, 我住在安东, 不过我的老家不是安东。您的祖籍是什么地方?) Shì de, wǒ zhù zài ān dōng, bùguò wǒ de lǎojiā bùshì ān dōng. Nín de zǔjí shì shénme dìfāng?**

B: 제 고향은 내몽고입니다. 그러나 어릴 때 거길 떠났기 때문에 저도 내몽고를 잘 몰라요.(My hometown is Nei Menggu. But I left there when I was a child, so I don't know well about Nei Menggu either.)**我的老家是内蒙古, 但是我從小就離開了那兒, 所以我也不太了解内蒙古。(我的老家是内蒙古, 但是我从小就离开了那儿, 所以我也不太了解内蒙古。) Wǒ de lǎojiā shì nèiménggǔ, dànshì wǒ cóngxiǎo jiù líkāile nà'er, suǒyǐ wǒ yě bù tài liǎojiě nèiménggǔ.**

A: 부모님은 현재 어디에 사세요?(Where are your parents living now?)您父母現在住哪裡呢? (您父母现在住哪里呢?) **Nín fù mǔ xiànzài zhù nǎlǐ ne?**

B: 제 모친은 북경에 살지만, 제 부친은 재작년에 돌아가셨어요.(My mother is living in Beijingow, but my father passed away 2 years ago.)我母親現在住在北京，而我父親前年去世了。(我母亲现在住在北京，而我父亲前年去世了。) **Wǒ mǔqīn xiànzài zhù zài běijīng, ér wǒ fùqīn qiánnián qùshìle.**

A: 아, 그러세요? 모친과 함께 자주 한국에 놀러오시길 환영합니다.(Really? Welcome to Korea with your mother!)啊，是嗎? 歡迎您跟母親一起來韓國玩。(啊，是吗? 欢迎您跟母亲一起来韩国玩。) **A, shì ma? Huānyíng nín gēn mǔqīn yī qǐlái hánguó wán.**

B: 감사합니다.(Than you!)謝謝您。(谢谢您。) **Xièxiè nín.**

A: 천만에요[11]. 안녕히 가세요!(You are welcome. Goodbye!)哪裡。再見!(哪里。再见!) **Nǎlǐ. Zàijiàn!**

B: 안녕히 가세요!(Goodbye!)再見!(再见!) **Zàijiàn!**

===

---

11) In practical Korean conversation, we seldom use '천만에요'. Instead, they use '아니에요', '아닙니다', '뭘요' etc.

* Comparison of pronunciation between Korean Chinese character and original Chinese (한국의 한자와 중국어 발음 비교)

	Chinese Pinyin, Korean Pronunciation (한어병음, 한국어 발음)	Korean Chinese Pronunciation Romanization(한국 한자음 로마자 표기, 한국어 발음)
姓(姓)	[Xing] [싱]	[Seong] [성]
安東(安东)	[Andong] [안뚱]	[An dong] [안동]
內蒙古(内蒙古)	[Neimenggu] [네이멍구]	[Nae mong go] [내몽고]
父母(父母)	[Fumu][푸(후)무]	[Bu mo][부모]
現在(现在)	[Xianzai][시엔짜이]	[Hyeon jae][현재]
母親(母亲)	[Muqin][무친]	[Mo chin][모친]
父親(父亲)	[Fuqin][부(후)친]	[Bu chin][부친]
北京(北京)	[Beijing][뻬이징]	[Buk gyeong][북경]

구문익히기(Learn Korean phrases)

1. 감사합니다!(Thank you!) ⇄ '별말씀을요.(You are welcome. or Not at all.)' or '천만에요.(Not at all.)' or '아닙니다(아니에요)(Not at all.).'

2. 나는~에 살고 있다.(I live in~, 我住在~ Wǒ zhù zài)

연습문제(pattern practice)

1. 상대방의 이름 물어보고 답하기(Ask and answer the name of the other side)

(ex) '성함이 어떻게 되세요?' - '저는 김영민이라고 합니다.' or '저는 김영민입니다.' or '제 이름은 김영민입니다.'
(您貴姓? /你叫什麽名字? /您的大名是?)

2. 가족구성원 한국어로 말하기(Family members in Korean)

(ex) 아버지(부친, 父親[父亲] fùqīn, father), 어머니(모친, 母親 [母亲] mǔqīn, mother), 누나, 언니(姐姐 jiějiě, sister), 동생(弟弟 dìdì, brother)

3. 상대방에게 고향(주소) 물어보기(Asking for hometown (address))

(ex) '고향이 어디에요?(Where is your hometown?)', '어디에 사세요?(Where do you live?)'

제3과

봄이 왔습니다.

(Spring has come.

春天到了。

Chūntiān dàole.)

A(이민호): 봄이 왔어, 날씨가 따뜻해지기 시작했어.(Spring has come. The weather has started to be warming.) 春天 到了。天氣開始變暖和了。(春天到了。天气开始变 暖和了。) Chūntiān dàole. Tiānqì kāishǐ biàn nuǎn huole.

B(김진희): 맞아. 나는 봄이 참 좋아.(That's right. I like spring very much.)是啊，我很喜歡春天。 (是啊，我很喜欢春天。) Shì a, wǒ hěn xǐhuān chūntiān.

A: 나도 봄이 참 좋아.(I like spring very much too.)我也很喜歡春 天。 (我也很喜欢春天。) Wǒ yě hěn xǐhuān chūntiān.

B: 민호, 넌 왜 봄이 좋아?(Minho, why do you like spring?)民浩, 你爲什麼喜歡春天? (民浩，你为什么喜欢春天?) Mín hào, nǐ wèishéme xǐhuān chūntiān?

A: 왜냐하면 나는 따뜻한 날씨가 좋아.(Because I like warm

weather.)**因爲我喜歡暖和的天氣。** (因为我喜欢暖和的天气。) **Yīnwèi wǒ xǐhuān nuǎnhuo de tiānqì.**

B: 나도 봄에 날씨가 따뜻하니 참 좋아. (I like it too because the weather is warm in spring.)**我也很喜歡春天, 因为春天的天氣暖和。**(我也很喜欢春天, 因为春天的天气暖和。) **Wǒ yě hěn xǐhuān chūntiān, yīnwèi chūntiān de tiānqì nuǎnhuo.**

A: 내 생각엔 사람들마다 봄을 좋아할 것 같아.(I think everyone will like the spring.)**我估计所有人都喜歡春天吧。** (我估计所有人都喜欢春天吧。) **Wǒ gūjì suǒyǒu rén dōu xǐhuān chūn tiān ba.**

B: 맞아. 봄이 오면 사람들이 모두 기뻐하는 것 같이 보이더라.(You are right. When spring has come, everybody seems very happy.) **是啊, 春天來了, 似乎大家都很高興。**(是啊, 春天来了, 似乎大家都很高兴。) **Shì a, chūntiān láile, sìhū dàjiā dōu hěn gāoxìng.**

A: 그건 왜냐하면 봄은 나들이하기에 좋은 계절이기 때문이지. (That is because spring is a good season for picnic.) **那是因爲春天是郊遊的好季節。** (那是因为春天是郊游的好季节。) **Nà shì yīnwèi chūntiān shì jiāoyóu de hǎo jìjié.**

B: 사실, 모든 계절이 모두 좋은점들이 있어.(In fact, every season has its merits.)**其實, 每個季節都有它的魅力。**(其实, 每个季节都有它的魅力。) **Qíshí, měi gè jìjié dōu yǒu tā de mèilì.**

A: 맞아, 한국의 춘하추동은 모두 아름다워.(Yes, the four seasons of Korea are all beautiful.)**是啊, 韓國的四季都很美。 (是啊, 韩国的四季都很美。) Shì a, hánguó de sìjì dōu hěn měi.**

B: 나도 동의해, 그렇지만 난 겨울은 싫어.(I agree too. But I don't like winter.) **對, 我也這樣認為, 但我不喜歡冬天。[对, 我也这样认为, 但我不喜欢冬天。] Duì, wǒ yě zhèyàng rènwéi, dàn wǒ bù xǐhuān dōngtiān.**

A: 왜?(Why?)**爲什麼呢? (为什么呢?) Wèishéme ne?**

B: 왜냐하면 난 추운게 너무 두려워.(Because I am afraid of cold wether.)**因爲我很怕冷。 (因为我很怕冷。) Yīnwèi wǒ hěn pà lěng.**

A: 나도 추운 날씨가 싫어, 하지만 겨울에 눈이 내리는 것은 참 좋아.(I hate cold weather too, but I like snowing in winter.) **我也不喜歡寒冷的天氣, 但我很喜歡冬天下雪。 (我也不喜欢寒冷的天气, 但我很喜欢冬天下雪。) Wǒ yě bù xǐhuān hánlěng de tiānqì, dàn wǒ hěn xǐhuān dōngtiān xià xuě.**

B: 사실, 나도 눈이 내리는 것이 싫진 않아. 다만 추운게 두려워.(As a matter of fact, I don't dislike snowing but I am afraid of being cold.)**其實, 我也不討厭下雪, 只是怕冷。 (其实, 我也不讨厌下雪, 只是怕冷。) Qíshí, wǒ yě bù tǎoyàn xià xuě, zhǐshì pà lěng.**

A: 보아하니, 너 몸이 좀 안좋은 것같네.(Seemingly, you look a little weak.) **你身體看起來有點弱。(你身体看起来有点弱。)** **Nǐ shēntǐ kàn qǐlái yǒudiǎn ruò.**

B: 그래, 난 몸이 너무 약해. 운동을 좀 많이 해야 해.(Right. I am very weak. I have to do a lot of exercise.) **是啊，我身體很弱，需要多鍛煉。(是啊，我身体很弱，需要多锻炼。) Shì a, wǒ shēntǐ hěn ruò, xūyào duō duànliàn.**

A: 우리 같이 운동하는게 어때?(How about doing exercise together?) **我們一起去鍛煉, 好不好? (我們去锻炼, 好不好?) Wǒmen yīqǐ qù duànliàn, hǎobù hǎo?**

B: 그것 참 잘됐다.(That's very good.)**太好了。Tài hǎole.**

==

* Comparison of pronunciation between Korean Chinese character and original Chinese (한국의 한자와 중국어 발음 비교)

	Chinese Pinyin ,Korean Pronunciation (한어병음, 한국어 발음)	Korean Chinese Pronunciation Romanization(한국 한자음 로마자 표기, 한국어 발음)
季節(季节)	[Jijie] [지제]	[Gye jeol] [계절]
春夏秋冬(春夏秋冬)	[Chunxiaqiudong] [춘샤치우뚱]	[Chun ha chu dong] [춘하추동]
同意(同意)	[Tongyi] [통이]	[Dong i] [동의]
運動(运动)	[Yundong][윈뚱]	[Un dong][운동]

1. 당신은 왜 봄을 좋아합니까?(Why do you like spring? 你爲什麼 喜歡春天? [你为什么喜欢春天?] Nǐ wèishéme xǐhuān chūntiān?)

2. 왜냐하면 저는 따뜻한 날씨를 좋아하기 때문입니다.(Because I like warm weather. 因爲我喜歡暖和的天氣。[因为我喜欢暖和 的天气。] Yīnwèi wǒ xǐhuān nuǎnhuo de tiānqì.)

연습문제(pattern practice)

1. '왜'로 묻고 '왜냐하면'으로 답하기(Ask 'why' and answer 'be cause', 用 '爲什麼' 問, 用 '因爲'回答 [用 '为什么' 问, 用 '因 为'回答])

2. '보아하니'를 사용해 말하기(Speak using '보아하니', 用 '看起 來'造句)

3. '사실(은)'을 사용해 말하기(Speak using '사실(은)', 用 '其實' 造句)

4. '내(제) 생각엔'을 사용해 말하기(Speak using '내(제) 생각엔', 用 '我想' 造句)

제4과

당신은 음악을 좋아합니까?

(Do you like music?

你喜歡音樂嗎?)

A(김영호): 수아 씨, 음악을 좋아하세요?(Sua! Do you like music?)
　　　　　守兒, 你喜歡音樂嗎?(守儿, 你喜欢音乐吗?) Zhāng
　　　　　xiǎojiě, nǐ xǐhuān yīnyuè ma?

B(장수아): 네, 저는 음악을 참 좋아합니다.(Yes, I like music very
　　　　　much.)是啊, 我很喜歡音樂。(是啊, 我很喜欢音乐。)
　　　　　Shì a, wǒ hěn xǐhuān yīnyuè.

A: 무슨 음악을 좋아하나요? 한국음악입니까 아니면 외국음악입니
　　까?(What kind of music do you like? Korean music or foreign
　　music?) 你喜歡什麼音樂呢? 韓國音樂還是外國音樂?(你喜欢
　　什麼音乐呢? 韩国音乐还是外国音乐?) Nǐ xǐhuān shénme
　　yīnyuè ne? Hánguó yīnyuè háishì wàiguó yīnyuè?

B: 저는 모두 좋아합니다. 영호 씨는요?(I like both. And you?)我都
　　喜歡。你呢?(我都喜欢。你呢?) Wǒ dū xǐhuān. Nǐ ne?

A: 저는 한국음악을 비교적 좋아합니다. 수아 씨, 노래 부르는 것도
　　좋아하나요?(I like Koran music better. Sua, do you like singing

too?)我更喜歡中國音樂。張小姐, 你也喜歡唱歌嗎? (我更喜欢中国音乐。张小姐, 你也喜欢唱歌吗?) Wǒ gèng xǐhuān zhōng guó yīnyuè. Zhāng xiǎojiě, nǐ yě xǐhuān chànggē ma?

B: 좋아합니다. 김 선생님, 노래 잘 부르세요?(Yes, I do. Mr. Kim, are you good at singing?) 喜歡呢。金先生, 你會唱歌嗎? (喜欢呢。 金先生, 你会唱歌吗?) Xǐhuān ne. Jīn xiānshēng, nǐ huì chànggē ma?

A: 저는 노래 부르길 매우 좋아합니다. 수아 씨, 우리 함께 노래방에 가서 노래 부르는 것이 어때요?.(I love to sing. Sua, Why don't we go to a karaoke room[Noraebang] and sing?) 我很喜歡唱歌。張小姐, 我們一起去歌廳唱卡拉OK, 好嗎? (我很喜欢唱歌。张小姐, 我们一起去歌厅唱卡拉OK, 好吗?) Wǒ hěn xǐhuān chànggē. Zhāng xiǎojiě, wǒmen yīqǐ qù gētīng chàng kǎlā OK, hǎo ma?

B: 좋습니다. 저는 오래 동안 노래방에 간 적이 없습니다.(Good. I haven't been to Noraebang for a long time.)好的。我很久沒去過歌廳了。(好的。我很久没去过歌厅了。) Hǎo de. Wǒ hěnjiǔ méi qùguò gētīngle.

A: 수아 씨, 지금 배고파요?(Sua, are you hungry now?)張小姐, 你現在餓不餓?(张小姐, 你现在饿不饿?) Zhāng xiǎojiě, nǐ xiànzài è bù è?

B: 좀[12] 고파요.(I am a little starving.)我有點兒餓。 (我有点儿饿。)

Wǒ yǒudiǎn er è.

A: 그럼 우리 먼저 밥을 먹고 그 후에 노래방 가는 것이 어때
요?(Well, Why don't we go to the karaoke after eating first?)
那我們先吃飯, 然後去歌廳, 好不好?(那我们先吃饭, 然后去
歌厅, 好不好?) Nà wǒmen xiān chīfàn, ránhòu qù gētīng,
hǎobù hǎo?

B: 좋아요. 우리 어디서 식사를 하죠? 식당은 여기서 머나요?(Okay,
where shall we eat? Is the restaurant far from here?)好啊。我
們在哪兒吃飯呢? 餐廳離這兒遠不遠? (好啊。我们在哪儿吃
饭呢? 餐厅离这儿远不远?) Hǎo a. Wǒmen zài nǎ'er chīfàn
ne? Cāntīng lí zhè'er yuǎn bù yuǎn?

A: 저도 잘 몰라요. 우리 가장 가까운 식당에서 먹는 게 어때요?(I
don't know either. Why don't we eat at a nearby restaurant?)我
也不太清楚。我們去附近的餐廳吃, 好嗎? (我也不太清楚。我
们去附近的餐厅吃, 好吗?) Wǒ yě bù tài qīngchǔ. Wǒmen qù
fùjìn de cāntīng chī, hǎo ma?

B: 좋아요. 우리 아무거나[13] 먹어요. 김 선생님, 자주 노래방에 가서
노래 불러요?(Good. Let's just eat something. Do you go to the
karaoke and sing often?)好的。我們隨便吃點吧。金先生, 你經

---

12) Here '좀' is a short form of '조금', which means 'a little'.

13) '아무거나' means 'randomly(닥치는대로)' or 'without choice(이것저것선택할것없이)'. So '우
리아무거나먹어요.' means When you're hungry or in a difficult situation, eat whatever you
see.(배가고프거나어려운사정따위에처했을때이것저것가릴것없이눈에띄거나보이는대로먹다.)

常去歌厅唱卡拉OK嗎?(好的。我们随便吃点吧。金先生，你经常去歌厅唱卡拉OK吗?) Hǎo de. Wǒmen suíbiàn chī diǎn ba. Jīn xiānshēng, nǐ jīngcháng qù gētīng chàng kǎlā OK ma?

A: 저도 거기에 자주 가진 않아요.(I have't been there often.)我不常去那兒。 (我不常去那儿。) Wǒ bù cháng qù nà'er.

B: 중국에서 저는 그런 곳에 간 적이 거의 없어요.(In China, I have never been to such a place.)我在中國很少去那種地方。(我在中國很少去那种地方。) Wǒ zài zhōngguó hěn shǎo qù nà zhòng dìfāng.

A: 노래방은 한국에서는 매우 인기가 있어요. 저는 가끔 거기 가서 기분 전환을 합니다.(Karaoke is very popular in Korea. Some times I go there and refresh myself.) 歌廳在韓國很流行。我偶爾去那兒放鬆一下。(歌厅在韩国很流行。我偶尔去那儿放松一下。) Gētīng zài hánguó hěn liúxíng. Wǒ ǒu'ěr qù nà'er fàngsōng yīxià.

B: 좋습니다.(That's good.)好啊。(好啊。) Hǎo a.

==

* Comparison of pronunciation between Korean Chinese character and original Chinese (한국의 한자와 중국어 발음 비교)

	Chinese Pinyin, Korean Pronunciation (한어병음, 한국어 발음)	Korean Chinese Pronunciation Romanization(한국 한자음 로마자 표기, 한국어 발음)
音樂(音乐)	[Yinyue] [인웨]	[Eum ak] [음악]
外國(外国)	[Waiguo] [와이꿔]	[Oe guk] [외국]
比較的(比较的)	[Bijiaode] [삐쟈오더]	[Bi gyo jeok] [비교적]
後(后)	[Hou][허우]	[Hu][후]
食事(食事)	[Shishi][쓰어쓰]	[Sik sa][식사]
食堂(食堂)	[Shitang][쓰탕]	[Sik dang][식당]
人氣(人气)	[Renqi][런치]	[In gi][인기]
氣分(气氛)	[Qifen][치픈]	[Gi bun][기분]
轉換(转换)	[Zhuanhuan][쫜환]	[Jeon hwan][전환]

구문익히기(Learn Korean phrases)

1. 나는 비교적~~.(I am relatively~~, 我比較~~ [我比较~~]. Wǒ bǐjiào)

2. 당신은 A를 좋아합니까 아니면 B를 좋아합니까?(Do you like A or B?, 你喜歡A還是B? [你喜欢A还是B?] Nǐ xǐhuān A háishì B?)

3. 먼저~ 하고 다음에~ 하다.(First~then~, 先~~ 然後~~[先~~ 然后~~] Xiān~~ ránhòu~~)

4. A는 B에서 멀다(가깝다) [A is far from B, A is close to B, A離

B很遠(近)。[A离B很远(近)。] A lí B hěn yuǎn (jìn).]

5. 거의~ 하지않다(Hardly~, 很少~ hěn shǎo)

1. '비교적'을 사용해 말하기(Speak using '비교적', 用 '比較'造句)

2. '먼저'와 '다음에'를 사용해 말하기(Speak using '먼저' and '다음
   에', 用 '先'和 '然後' 造句)

3. 'A는 B에서 머나요?'를 사용해 말하기(Speak using 'A is
   far(close) from(to) B?', 用 'A離B遠(近)' 造句)

4. '거의~ 하지않다'를 사용해말 하기(Speak using '거의~ 하지않
   다', 用 '很少' 造句)

제5과

이것 얼마죠?

(How much is this?

這多少錢?)

A(이민호): 주인 아저씨, 이 물건 얼마죠?(Master, How much is this stuff?)老闆, 這東西多少錢? (老板, 这东西多少钱? Zhè dōngxī duōshǎo qián?)

B(상점주인): 하나에 만 원입니다.(Ten thousand won for one.) 一萬韓元一個。(一万韩元一个。) Zhè dōngxī duōshǎo qián?

A: 하나에 만 원이라고요? 너무 비싸군요. 좀싸게 해주세요!(Ten thousand won for one? It is too expensive. Please give me some discount!) 一萬韓元一個? 太貴了。便宜點兒吧! (一万韩元一个? 太贵了。便宜点儿吧!) Yī wàn hányuán yīgè? Tài guìle. Piányí diǎn er ba!

B: 안됩니다, 하나에 만 원도 싸요.(No, Ten thousand won for one is cheap enough.)不行, 一萬韓元一個已經很便宜了。 (不行, 一万韩元一个已经很便宜了。) Bùxíng, yī wàn hányuán yīgè yǐjīng hěn piányíle.

A: 하나에 팔천 원 어때요?(How about eight thousand won for one?)八千韓元一個, 怎麼樣? (八千韩元一个, 怎么样?) Bā qiān hányuán yīgè, zěnme yàng?

B: 안돼요, 하나에 팔천 원이면 본전도 안돼요.(It is impossible. Eight thousand won for one don't even get the principal back.) 不行，八千韓元一個的話，連本錢都不夠。(不行，八千韩元一个的话，连本钱都不够。) **Bùxíng, bāqiān hányuán yīgè dehuà, lián běnqián dōu bùgòu.**

A: 다섯개 사려는데 모두 얼마죠?(I want to buy 5. How much are all?)我要買五個。一共多少錢?　(我要买五个。一共多少钱?) **Wǒ yāomǎi wǔ gè. Yīgòng duōshǎo qián?**

B: 다섯개 사신다면 원래 오만 원이지만 제가 특별히 사만 오천 원에 드리겠습니다. (If you want to buy 5, it is originally fifty thousand won but I will give you forty thousand won specially.) 你買五個的話，本來是五萬韓元。不過我給你一個特別優惠價，就賣四萬五千韓元。(你买五个的话，本来是五万韩元。不过我给你一个特别优惠价，就卖四万五千韩元。) **Nǐ mǎi wǔ gè dehuà, běnlái shì wǔ wàn hányuán. Bùguò wǒ gěi nǐ yīgè tèbié yōuhuì jià, jiù mài sì wàn wǔqiān hányuán.**

A: 감사합니다. 이것보다 싼 물건도 있나요?(Thank you. Do you have cheaper one than this?) 謝謝。還有比這個更便宜的嗎? (谢谢。还有比这个更便宜的吗?) **Xièxiè. Hái yǒu bǐ zhège gèng piányí de ma?**

B: 있긴하지만 그것만큼 멋지진 않아요.(Yes, I have but they are

not as beautiful as it is.)**有是有，但是沒有它漂亮。(有是有，但是没有它漂亮。) Yǒu shì yǒu, dànshì méiyǒu tā piàoliang.**

A: 할인하는 상품도 있나요?(Are there some cut-price goods?)**有沒有打折的商品? (有没有打折的商品?)**

B: 있어요. 저것들은 모두 이십(20) 퍼센트세일 합니다. 어때요?(Yes. They are all 20% off. Do you like them?)**有，那些都打8折。你看怎麼樣? (有，那些都打8折。你看怎么样?) Yǒu, nàxiē dōu dǎ 8 zhé. Nǐ kàn zěnme yàng?**

A: 싸긴한데 품질이 안좋아보이네요.(It's cheap, but they do not look good.) **便宜是便宜。不過, 質量似乎不太好。 (便宜是便宜。不过, 质量似乎不太好。) Piányí shì piányí. Bùguò, zhì liàng sìhū bù tài hǎo.**

B: 그렇지 않습니다. 우리가게의 상품들은 모두 좋은 거예요. 제가 보증할 수 있어요.(No, All of our products are good. I can guarantee that.) **不, 我們的商品質量都是很好的。我可以保證。(不, 我们的商品质量都是很好的。我可以保证。) Bù, wǒ men de shāngpǐn zhí liàng dōu shì hěn hǎo de. Wǒ kěyǐ bǎozhèng.**

A: 좋아요, 다섯개를 살게요. (그것들을) 포장해주세요.(Okay. I buy 5. Please pack them.) **好的, 我買5個。請幫我裝好。 (好的, 我买5个。请帮我装好。) Hǎo de, wǒ mǎi 5 gè. Qǐng bāng wǒ**

zhuāng hǎo.

B: 알겠습니다. 합계 45,000원입니다.(Okay. The total is 45 thous

and won.) **好的。一共45000韓元。(好的。一共45000韩元。)**

A: 감사합니다.(Thank you.)**謝謝。(谢谢。)** Xièxiè.

B: 네, 안녕히 가세요.(You are welcome. Bye!)**哪裏, 再見. (哪里,**

再见.)

===

* Comparison of pronunciation between Korean Chinese character and
original Chinese (한국의 한자와 중국어 발음 비교)

	Chinese Pinyin, Korean Pronunciation (한어병음, 한국어 발음)	Korean Chinese Pronunciation Romanization(한국 한자음 로마자 표기, 한국어 발음)
物件(物件)	[Wujian] [우젠]	[Mul geon] [물건]
萬圓(万元)	[Wanyuan] [완웬]	[Man won] [만원]
八千(八千)	[Baqian] [빠첸]	[Pal cheon] [팔천]
本錢(本钱)	[Benqian][뻔첸]	[Bon jeon][본전]
原來(原来)	[Yuanlai][웬라이]	[Won lae][원래]
特別(特別)	[Tebie][트비에]	[Teuk byeol][특별]
割引(割引)	[Geyin][꺼인]	[Hal in][할인]
商品(商品)	[Shangpin][상핀]	[Sang pum][상품]
品質(品质)	[Pinzhi][핀쯔]	[Pum jil][품질]
保證(保证)	[Baozheng][빠오정]	[Bo jeung][보증]
合計(合计)	[Heji][허지]	[Hap gye][합계]

1. 이것 얼마죠?(이것 얼마에요?)(How much is this? 這個多少錢?
[这个多少钱?] Zhège duōshǎo qián?)

2. ~조차도(even~, 連~也~ [连~也] lián~yě)

3. A는 B보다(더)~하다 [A is better than B, A比B(更) ~ [A比B
(更)] A bǐ B (gèng)]

ex) 이것은 저것보다(더) 싸요. [This is cheaper than that. 這個比那個(更)便
宜。[这个比那个(更)便宜。] Zhège bǐ nàgè (gèng) piányí.]

4. A는 B보다(or 만큼)~하지 못하다.(A is not better than B, A不
如B好。[A不如B好。] A bùrú B hǎo.)

ex) 이것은 저것만큼(or 보다)싸지않아요.(This is not as cheap as that. 這個沒
有那個便宜。这个没有那个便宜。Zhège méiyǒu nàgè piányí.)

1. 물건 값을 물어보고 답하기(ask and answer the price of things
询问价格)

2. 물건 값을 흥정하기(haggle over the price讨价还价)

3. 할인율 말하기(Speak using discount rate 关于折扣的表达)

4. '~는~보다~하다'를 사용해 말하기(Speak using '~는~보다~하다')

5. '~는~보다~하지 못하다'를 사용해 말하기(Speak using '~는~보다~하지못하다')

제6과

우리 학교에는 외국학생이 많아요.

(There are many foreign students in our school.

我們學校有很多留學生。[我们学校有很多留学生。])

Wǒmen xuéxiào yǒu hěnduō liúxuéshēng.

A(김수현): 여름방학이 다 돼서 기분이 좋아.(I am very happy the summer vacation is coming soon.)**很高興暑假快到了。** **(很高兴暑假快到了。) Hěn gāoxìng shǔjià kuài dàole.**

B(한가인): 여름방학 기간에 너는 무슨 계획이 있어?(In summer vacation, what plan do you have?)**暑假期間，你有什麼** **計劃？ (暑假期间，你有什么计划?) Shǔjià qíjiān, nǐ** **yǒu shé me jìhuà?**

A: 나는 여름방학을 이용해 외국어를 보충할 생각이야.(I want to improve my foreign language ability.) **我想利用這個暑假補習** **外語。 (我想利用这个暑假补习外语。) Wǒ xiǎng lìyòng zhè** **ge shǔjià bǔxí wàiyǔ.**

B: 어떻게 외국어를 보충할 계획인데?(How do you want to improve your foreign language ability?) **你打算怎麼補習外語呢? (你打** **算怎么补习外语呢?) Nǐ dǎsuàn zěnme bǔxí wàiyǔ ní?**

A: 나는 외국 친구를 찾아 언어교환을 할 생각이야.(I want to find some foreigners and do language exchange.) 我想找外國朋友做語言交換。(我想找外国朋友做语言交换。) Wǒ xiǎng zhǎo wàiguó péngyǒu zuò yǔyán jiāohuàn.

B: 그래, 그것도 외국어를 배우는 좋은 방법이지.(Good. That is a good way of learning foreign languages.) 很好, 那是學外語的好方法。(很好, 那是学外语的好方法。) Hěn hǎo, nà shì xué wàiyǔ de hǎo fāngfǎ.

A: 너희 학교에 외국 유학생들이 있니?(Are there any foreign students in your university?)你們學校有留學生嗎?(你们学校有留学生吗?) Nǐmen xuéxiào yǒu liúxuéshēng ma?

B: 우리 학교엔 외국 유학생들이 매우 많아.(There are so many foreign students in our school.)我們學校有很多留學生。(我们学校有很多留学生。) Wǒmen xuéxiào yǒu hěnduō liúxuéshēng.

A: 참, 최근 한국 대학교엔 외국 유학생들이 적지 않지.(Yes, recently there are many foreign students in Korean universities.) 是的, 最近韓國的大學有很多留學生。(是的, 最近韩国的大学有很多留学生。) Shì de, zuìjìn hánguó de dàxué yǒu hěn duō liúxuéshēng.

B: 그래, 그 숫자가 갈수록 늘어나.(Yes, the number is getting bigger and bigger.) 對, 留學生人數越來越多。 (对, 留学生人

数越来越多。) Duì, liúxuéshēng rénshù yuè lái yuè duō.

A: 넌 외국유학 안 가고 싶니?(Don't you want to study abroad?) 你不想出國留學嗎? (你不想出国留学吗?) Nǐ bùxiǎng chūguó liúxué ma?

B: 가고 싶은데 집안 형편이 안 돼. 넌?(I want to go, but I can not afford it. What about you?) 想啊, 但是家裡供不起。你呢? (想啊, 但是家里供不起。你呢?) Xiǎng a, dànshì jiālǐ gōng bù qǐ. Nǐ ne?

A: 우리 부모님도 내가 외국에 유학 가는 걸 원하지 않으셔.(My parents don't want me to study abroad either.) 我父母也不太支持我去外國留學。(我父母也不太支持我去外国留学。) Wǒ fùmǔ qīn yě bù tài zhīchí wǒ qù wàiguó liúxué.

B: 왜지?(Why?)爲什麼呢? (为什么呢?) Wèishéme ne?

A: 내가 걱정이 돼서 그래.(They are worried about me.) 他們對我不放心。(他们对我不放心。) Tāmen duì wǒ bù fàngxīn.

B: 너한테 문제라도 생길까봐 그러니?(Are they afraid there will be a problem with you?) 他們怕你出事嗎? (他们怕你出事吗?) Tāmen pà nǐ chūshì ma?

A: 그래, 우리 집엔 나 혼자 거든.(Right, I am the only child in my home.) 是的, 我是獨生子。(是的, 我是独生子。) Shì de, wǒ

shì dúshēngzǐ.

B: 사실, 그렇게 걱정 안 해도 돼. 기숙사에 살면 안전해.(In fact, they need not worry so much. Living in a dormitory is safe.) **其實, 他們不必那麼擔心, 住宿舍很安全的。 (其实, 他们不必那么担心, 住宿舍很安全的。) Qíshí, tāmen bùbì nàme dānxīn, zhù sùshè hěn ānquán de.**

A: 그래?(Really?)**是嗎? (是吗?) Shì ma?**

B: 그래. 부모님을 좀[14] 설득해 봐.(Yes, try to convince your pa rents.)**是的, 你勸勸他們吧. (是的, 你劝劝他们吧。) Shì de, nǐ quàn quàn tāmen ba.**

===

* Comparison of pronunciation between Korean Chinese character and original Chinese (한국의 한자와 중국어 발음 비교)

	Chinese Pinyin, Korean Pronunciation (한어병음, 한국어 발음)	Korean Chinese Pronunciation Romanization(한국 한자음 로마자 표기, 한국어 발음)
放學(放学)	[Fangxue] [팡쉐]	[Bang hak] [방학]
期間(期间)	[Qijian] [치젠]	[Gi gan] [기간]
計劃(计划)	[Jihua] [지화]	[Gyehoek] [계획]

---

14) '좀' is short form of '조금'. In here, it is meant to try something. For example, '이웃좀입어 봐도될까요?'(May I wear this dress?). ['좀'은 '조금'의줄임말이다. 여기서는무슨일을시도하 고자하는의미를지니고있다. 이를테면 '제가이웃좀입어봐도될까요?']

利用(利用)	[Liyong][리융]		[Iyong][이용]
補充(补充)	[Buchong][뿌충]		[Bo chung][보충]
言語交換(言语交換,语言交换)	[Yanyujiaohuan][엔위자오환]		[Eon eo gyo hwan][언어교환]
方法(方法)	[Fangfa][팡파]		[Bang beob][방법]
留學生(留学生)	[Liuxusheng][리우쉐셩]		[Yu hak saeng][유학생]
寄宿舍(寄宿舍)	[Jisushe][지수셔]		[Gi suk sa][기숙사]
外國語(外国语)	[Waiguoyu][와이꿔위]		[Oe guk eo][외국어]
安全(安全)	[Anquan][안췐]		[An jeon][안전]

구문익히기(Learn Korean phrases)

1. ~해서 기쁘다(glad to~, 很高興~~[很高兴~~] Hěn gāoxìng ~~)

ex) 그가 와서 기쁩니다.(I am glad he comes. 他能來, 我很高興。[他能来, 我很高兴。] Tā néng lái, wǒ hěn gāoxìng.)

2. ~을 이용해(using~, 利用~[利用~] lìyòng~)

ex) 나는 여름방학을 이용해 유럽에 갈 예정이다.(I am going to Europe during the summer vacation. 我想趁著暑假去歐洲。[我想趁着暑假去欧洲。] Wǒ xiǎng chènzhe shǔjià qù ōuzhōu)

3. 갈수록 ~하다(becoming more and more~, 越來越~ [越来越~] yuè lái yuè)

ex) 비는 갈수록 많이 내렸다.(It rained more and more. 雨下得越來越大。[雨下得越来越大。]Yǔ xià dé yuè lái yuè dà.)
그는 갈수록 살이 쪘다.(He was getting fatter. 他越來越胖。[他越来越

胖。] Tā yuè lái yuè pàng.)

4. ~하고 싶습니까?(Do you want to~? 你想不想~[你想不想~]
   Nǐ xiǎng bùxiǎng)

ex) 한국어를 배우고 싶습니까?(Do you want to study Korean? 你想不想學韓
語? [你想不想学韩语?]) Nǐ xiǎng bùxiǎng xué hányǔ?

연습문제(pattern practice)

---

1. '당신은 유학을 가고 싶습니까?'를 사용해 서로 묻고 대답하기
   (ask and answer using '당신은 유학을 가고 싶습니까?')

2. '갈수록~하다'를 사용해 말해보기(Speak using '갈수록~하다')

3. '~을 이용해'를 사용해 말하기(Speak using '~을 이용해')

4. '~하고 싶습니까?'를 사용해 말하기(Speak using '~하고싶 습니
   까?')

제7과

실례지만, 이 버스 한국은행에 갑니까?

(Excuse me, Does this bus go to the Bank of Korea?)

請問, 這公交車能到韓國銀行嗎? (请问, 这公交车能到韩国银行吗?)

Qǐngwèn, zhè gōngjiāo chē néng dào hánguó yínháng ma?

A(김진호): 오늘 나는(저는) 은행에 가서 환전을 하려고 합니다.(Today I am going to the bank to exchange money.)今天我要去銀行換錢。 (今天我要去银行换钱。) Jīntiān wǒ yào qù yínháng huànqián.

B(이수민): 무슨 돈을 바꾸려고 해요?(What kind of money do you want to exchange?) 你要換什麼貨幣? (你要换什么货币?) Nǐ yào huàn shénme huòbì?

A: 미국 달러를 한국 원화로 바꾸려고 합니다.(I am going to convert US dollars into Korean won.) 我想用美元換韓幣。 (我想用美元换韩币。) Wǒ xiǎng yòng měiyuán huàn hánbì.

B: 한국은행이 어디에 있는지 아세요?(Do you know where the Bank of Korea is?)你知道韓國銀行在哪兒嗎? (你知道韩国银

行在哪儿吗?) Nǐ zhīdào hánguó yínháng zài nǎ'er ma?

A: 잘 몰라요. 여기서 멀어요? 학교에서 한국은행까지 얼마나 멀죠? (I don't know exactly. Is it far from here? How far is it from school?) 我不知道呢。離這兒遠嗎？ 從學校到韓國銀行有多遠? (我不知道呢。 离这儿远吗? 从学校到韩国银行有多远?) Wǒ bù zhīdào ne. Lí zhè'er yuǎn ma? Cóng xuéxiào dào hánguó yínháng yǒu duō yuǎn?

B: 그리 멀진 않아요. 학교 정문에서 11번 버스를 타고 종점역에서 내리면 돼요. (Not so far. You can take bus number 11 from the front gate of the school and get off at the terminal station.) 不太遠。你在學校正門坐11路公交車，然後在終點站下車就行了。 (不太远。你在学校正门坐11路公交车，然后在终点站下车就行了。)Bù tài yuǎn. Nǐ zài xué jiào zhèngmén zuò 11 lù gōngjiāo chē, ránhòu zài zhōngdiǎn zhàn xiàchē jiùxíngle.

A: 걸어가면 얼마나 걸려요?(How long does it take to walk there?) 走路大概要多久? (走路大概要多久?) Zǒulù dà gài yào duōjiǔ?

B: 그 길은 걸어가면 불편해요. 그런데 걸으려고 하면 적어도 30분은 걸려요.(The road is uncomfortable to walk. But if you want to walk, it takes at least 30 minutes to walk.) 走路不太方便，不過你如果走路去，起碼要30分鐘。(走路不太方便, 不过你如果走路去, 起码要30分钟。) Zǒulù bù tài fāngbiàn, bùguò nǐ rúguǒ zǒulù qù, qǐmǎ yào 30 fēnzhōng.

A: 고마워요.(Thank you.)謝謝你啊。 (谢谢你啊。) Xièxiè nǐ a.

B: 아니에요.(You are welcome.) 不客氣。(不客气。) Bù kèqì.

A: (자동차 기사에게)실례지만[15] 이 버스 한국은행에 갑니까?(Excuse me, Does this bus go to The Bank of Korea?) 請問, 這公交車 能到韓國銀行嗎? (请问, 这公交车能到韩国银行吗?) Qǐngwèn, zhè gōngjiāo chē néng dào hánguó yínháng ma?

B: 안 가요. 맞은편에서 타세요.(No, You should get on the other side.) 不能, 你應該在對面坐。(不能, 你应该在对面坐。) Bùnéng, nǐ yīnggāi zài duìmiàn zuò.

A: 감사합니다, 기사 아저씨.(Thank you, sir.)謝謝師傅。 (谢谢师 傅。) Xièxiè shīfù.

B: 천만에요.(You are welcome.)不客氣。 (不客气。) Bù kèqì.

A: (차를 탑승한 후)기사 아저씨, 한국은행에서 내리려면 몇 정거장 남았죠?(Excuse me sir, How many stations are there to get off at the Bank of Korea?)師傅, 離韓國銀行還有幾站? (师傅, 离 韩国银行还有几站?) Shīfù, lí hánguó yínháng hái yǒu jǐ zhàn?

B: 아직 두 정거장이 남았어요.(You still have two stops left.)還有 兩站。(还有两站。) Hái yǒu liǎng zhàn.

---

15) '실례지만' is from '실례합니다(or 실례하겠습니다)'. It means '실례합니다그렇지만(Excuse me but)'. '실례' is from chonese '失禮'. '실례합니다' is a polite expression used when first talking to a stranger. ('실례합니다'는낯선상대에게처음말을걸때사용하는정중한표현법이다.)

A: (은행에서)안녕하세요, 달러를 원화로 바꾸려고 합니다.(Hi, I am going to convert US dollars into Korean won.)**你好, 我要把美元换成韓幣。(你好, 我要把美元换成韩币。) Nǐ hǎo, wǒ yào bǎ měiyuán huàn chéng hánbì**

B: 네, 얼마나 바꾸려고요?(Okay, How much money do you want to exchange?)**好的, 你要换多少? (好的, 你要换多少?) Hǎo de, nǐ yào huàn duōshǎo?**

A: 1000 달러를 바꾸려고 합니다.(I would like to exchange 1000 dollars.) **我要换1000美元。(我要换1000美元。) Wǒ yào huàn 1000 měiyuán.**

B: 알겠습니다, 당신의 여권을 (제게) 좀 보여주실래요?(Okay, show me your passport please.) **好的, 請把您的護照給我看一下, 好嗎? (好的, 请把您的护照给我看一下, 好吗?) Hǎo de, qǐng bǎ nín de hùzhào gěi wǒ kàn yīxià, hǎo ma?**

==

* Comparison of pronunciation between Korean Chinese character and original Chinese (한국의 한자와 중국어 발음 비교)

	Chinese Pinyin, Korean Pronunciation (한어병음, 한국어 발음)	Korean Chinese Pronunciation Romanization(한국 한자음 로마자 표기, 한국어 발음)
銀行(银行)	[Yinhang] [인항]	[Eun haeng] [은행]
換錢(换钱)	[Huanqian] [환치엔]	[Hwan jeon] [환전]
圓貨(圆货)	[Yuanhuo] [웬훠]	[Won hwa] [원화]
失禮(欠礼)	[Shili][쓰리]	[Sil lae][실례]
正門 (正门)	[Zhengmen][쩡먼]	[Jeong mun][정문]
終點驛(终点驿)	[Zhongdianyi][쭝디엔이]	[Jong jeom yeok][종점역]
不便(不便)	[Bubian][뿌뻰]	[Bul pyeon][불편]
停車場(停车场)	[Tingchechang][팅처창]	[Jeong geo jang][정거장]

구문익히기(Learn Korean phrases)

1. A를 B로 바꾸다(exchange A for B, 把A換成B [把A换成B] Bǎ A huàn chéng B)

ex) 저는 유로화를 원화로 바꾸려고 합니다.(I want to exchange the Euro for the won. 我想要把歐元換成韓元。 [我想要把欧元换成韩元]。Wǒ xiǎng yào bǎ ōuyuán huàn chéng hányuán)

2. ~에서~까지(from~to~, 從~到~ [从~到~] cóng~dào~)

ex) 서울에서 부산까지. (from Seoul to Busan. 從首爾到釜山 [从首尔到釜山] Cóng shǒu'ěr dào fǔshān)

3. 얼마나 걸립니까?(How long does it take? 需要多長時間? [需要多长时間?] Xūyào duō cháng shíjiān)

ex) 서울에서 부산까지 얼마나 걸립니까?(How long does it take from Seoul to Busan?從首爾到釜山需要多長時間? [从首尔到釜山需要多长时间?] Cóng shǒu'ěr dào fǔshān xūyào duō cháng shíjiān?)

4. 얼마나 멉니까?(How far is it? 有多遠? [有多远?] Yǒu duō yuǎn?)

ex) 서울에서 부산까지 얼마나 멉니까?(How far is it from Seoul to Busan? 從首爾到釜山有多遠? [从首尔到釜山有多远?] Cóng shǒu'ěr dào fǔshān yǒu duō yuǎn?)

5. ~에서~까지~로 얼마나 걸립니까?(How long does it take from ~ to~ by~? 坐~從~到~需要多長時間? 坐~[从~到~需要多长时间?] Cóng~dào~xūyào duō cháng shíjiān?)

ex) 서울에서 부산까지 버스로 얼마나 걸립니까?(How long does it take from Seoul to Busan by bus? 坐公交車從首爾到釜山需要多長時間? [坐公交车从首尔到釜山需要多长时间?] Zuò gōngjiāo chē cóng shǒu'ěr dào fǔshān xūyào duō cháng shíjiān?)

> 연습문제(pattern practice)

1. '~에서~까지는 얼마나 멉니까?'를 사용해서 묻고대답하기[ask and answer using 'How long does it take from A to B?('從~到~有多遠?')]

2. '~에서~까지는~로 얼마나 걸립니까?'를 사용해서로 묻고대답
   하기[ask and answer using '~에서~까지는~로 얼마나 걸립니
   까?'(How long does it take from~to~by~?, 坐~從~到~需
   要多長時間?)]

3. 'A를 B로 바꾸다'를 사용해 말해보기[Speak using 'A를 B로 바
   꾸다'(exchange A for B, 把A換成B)]

제8과

나는 매일 학교식당에서 밥을먹습니다.

(I eat every day at the school cafeteria.)

(我每天在學校食堂吃飯。[我每天在学校食堂吃饭。]

Wǒ měitiān zài xuéxiào shítáng chīfàn.)

A(김현철): 데이비드씨, 점심식사하셨어요?(Hi, David, did you
have lunch?)戴維, 你吃過午飯了嗎? (戴维, 你吃过午
饭了吗?) Nǐ chīguò wǔfànle ma?

B(David): 김 선생님, 안녕하세요. 저는 아직 안했어요. 우리 같이
식사할까요?(Hello, Mr. Kim, I haven't eaten yet. Shall
we eat together?)金先生, 你好! 我還沒吃呢。我們一起
吃飯, 好不好?(金先生, 你好! 我还没吃呢。我们一起
吃饭, 好不好?) Jīn xiānshēng, nǐ hǎo! Wǒ hái méi chī
ne. Wǒmen yīqǐ chīfàn, hǎobù hǎo?

A: 좋습니다. 데이비드씨는 매일 어디서 식사를 하세요?(Good,
David, where do you eat everyday?) 好啊, 你每天在哪兒吃
飯? (好啊, 你每天在哪儿吃饭?) Hǎo a, nǐ měitiān zài nǎ'er
chīfàn?

B: 저는 매일 학교식당에서 밥을먹습니다. 김선생님은요?(I eat at
the school cafeteria every day. And you?)我每天在學校食堂吃

飯，你呢?(我每天在学校食堂吃饭，你呢?) Wǒ měitiān zài xuéxiào shítáng chīfàn, nǐ ne?

A: 저는 거의 매일 집에서 밥을 먹습니다.(I eat at home almost every day.)我幾乎每天都在家吃飯。(我几乎每天都在家吃饭。) Wǒ jǐhū měitiān dū zàijiā chīfàn.

B: 매일 집에서 식사를 하시면 불편하지 않나요?(Isn't it uncomfortable to eat at home every day?) 每天都在家吃飯很麻煩吧? (每天都在家吃饭很麻烦吧?) Měitiān dū zàijiā chīfàn hěn má fan ba?

A: 저는 불편한게 없지만 제 아내가 아마도 불편하게 생각할 겁니다.(I am not uncomfortable, but my wife would probably be uncomfortable.) 我倒不覺得麻煩，不過我太太也許會覺得很麻煩吧。(我倒不觉得麻烦，不过我太太也许会觉得很麻烦吧。) Wǒ dào bù juédé máfan, bùguò wǒ tàitài yěxǔ huì juédé hěn máfan ba.

B: 한국의 가정주부들은 모두 집에서 요리를 하나요?(Do all the housewives in Korean cook at home?)韓國的家庭主婦都在家做菜嗎? (韩国的家庭主妇都在家做饭吗?) Hánguó de jiātíng zhǔ fù dōu zàijiā zuò fàn ma?

A: 꼭 그렇진않아요. 어떤 주부들은 밖에서 일을 하느라 집에서 음식을 만들 시간이 없어요.(Not necessarily. Some housewives work outside and they don't have time to cook food at home.) 不一

定，有的家庭主婦在外工作，所以沒時間在家做飯。(不一定，有的家庭主妇在外工作，所以没时间在家做饭。) Bù yīdìng, yǒu de jiātíng zhǔfù zàiwài gōngzuò, suǒyǐ méi shíjiān zàijiā zuò fàn.

B: 김선생님, 요리를 할 줄 아세요? 제가 알기로는 보통 한국남성들은 요리를 잘하지 못한다고 들었어요.(Mr. Kim. Do you know how to cook? I know that Korean men are not good at cooking.)金先生，你會做飯嗎？ 我知道韓國男人一般都不太會做飯。(金先生，你会做菜吗？ 我知道韩国男人一般都不太会做饭。) Jīn xiānshēng, nǐ huì zuò cài ma? Wǒ zhīdào hánguó nánrén yībān dōu bù tài huì zuò fàn.

A: 네, 별로 못해요. 하지만 간혹 아내가 집에 없으면 제가 스스로 음식을 몇 가지 만들어 먹기도 해요.(No, I am not good at it. But sometimes when my wife is not at home, I make some food myself.) 我不太會，但有時候我太太不在家時，我自己下廚。 (我不太会，但有时候我太太不在家时，我自己下厨。) Wǒ bù tài huì, dàn yǒu shíhòu wǒ tàitài bù zàijiā shí, wǒ zìjǐ xià chú.

B: 다행이시네요, 그래도 음식을 할 줄 아신다니.(It is good you know how to cook.) 不錯嘛，你還會做飯。(不错嘛，你还会做饭。) Bùcuò ma, nǐ hái huì zuò fàn.

A: 그러나 옛날 한국남성들은(생각하길) 남자가 집에서 요리를 하는

것이 좀 창피스러운 일이라고 여겼어요.(But old Korean men thought it was a little embarrassing for a man to cook at home.) **但是以前的韓國男人覺得男人在家做飯有點丟臉。(但是以前的韩国男人觉得男人在家做饭有点丢脸。)** Dànshì yǐqián de hánguó nánrén juédé nánrén zàijiā zuò fàn yǒudiǎn diūliǎn.

B: 하지만 지금의 한국남성들은 옛날과 달리 가사일을 많이 한다고 들었어요, 그렇죠?(But nowadays I heard that Korean men are doing a lot of household work. Is it right?) **不過我聽說現在的韓國男人會做很多家務，是嗎？(不过我听说现在的韩国男人会做很多家务, 是吗?)** Bùguò wǒ tīng shuō xiànzài de hánguó nánrén huì zuò hěnduō jiāwù, shì ma?

A: 그렇습니다. 차이는 좀 있지만 그들은 모두 가사일을 할 줄 압니다.(Yes, it is. There are some differences but they all do housework.) **是的，他們或多或少都會做些家務。(是的，他们或多或少都会做些家务。)** Shì de, tāmen huò duō huò shǎo dūhuì zuò xiē jiāwù.

B: 김선생님은 요리를 잘하세요? 음식맛이 있나요?(Mr. Kim, Do you cook well? Is the food delicious?) **金先生，你廚藝怎麼樣？做飯好吃嗎？ (金先生，你厨艺怎么样？ 做饭好吃吗?)** Jīn xiānshēng, nǐ chú yì zěnme yàng? Zuò fàn hào chī ma?

A: 저는 제가 한 요리가 정말 맛이 없다고 생각하지만 제 아내는 제가 한 음식을 잘먹어요.(I don't think my dishes are really good, but my wife eats well.) 我覺得我做的菜很難吃，但是我太太喜歡吃我做的菜。 (我觉得我做的菜很难吃，但是我太太喜欢吃我做的菜。) Wǒ juédé wǒ zuò de cài hěn nán chī, dànshì wǒ tàitài xǐhuān chī wǒ zuò de cài.

B: 그럼 자주 아내를 위해 요리를 하시면 되겠네요, 하하!(Then you can cook for your wife often. Haha!) 那你经常给她做菜好了。哈哈! (那你经常给她做菜好了。哈哈!) Nà nǐ jīngcháng gěi tā zuò cài hǎole. Hāhā!

===

* Comparison of pronunciation between Korean Chinese character and original Chinese (한국의 한자와 중국어 발음 비교)

	Chinese Pinyin, Korean Pronunciation (한어병음, 한국어 발음)	Korean Chinese Pronunciation Romanization(한국 한자음 로 마자 표기, 한국어 발음)
點心(点心)	[Dianxin] [띠엔신]	[Jeom sim] [점심]
安寧(安宁)	[Anning] [안닝]	[An nyeong] [안녕]
每日(每日)	[Meiri] [메이르]	[Mae il] [매일]
先生(先生)	[Xiansheng][시엔셩]	[Seon saeng][선생]
家庭主婦(家庭主妇)	[Jiatingzhufu][쟈팅쭈푸]	[Ga jeong ju bu][가정주부]
料理(料理)	[Liaoli][랴오리]	[Yo li(ri)][요리]
飮食(饮食)	[Yinshi][인쓰]	[Eumsik][음식]
時間(时间)	[Shijian][쓰지엔]	[Sigan][시간]
普通(普通)	[Putong][푸퉁]	[Bo tong][보통]
男性(男性)	[Nanxing][난싱]	[Nam seong][남성]
多幸(多幸)	[Duoxing][뚸싱]	[Dahaeng][다행]

| 家事(家事) | [Jiashi][쟈쓰] | [Ga sa][가사] |
| 差異(差异) | [Chayi][차이] | [Cha i][차이] |

구문익히기(Learn Korean phrases)

1. 우리 같이~할까요?(How about~~, 我們~, 好不好? [我们~, 好不好?] Wǒmen~, hǎobù hǎo?)

ex) 우리 같이 갈까요?(How about we go together? 我們一起走, 好不好? [我们一起走, 好不好?] Wǒmen yìqǐ zǒu, hǎobù hǎo?)

2. 나는 매일~에서~을 한다(I do~at~everyday, 我每天在~~做~~[我每天在~~做~~] Wǒ měitiān zài~~zuò~~)

ex) 나는 매일 학교에서 운동을 한다.(I do exercise at school every day. 我每天在學校做運動。[我每天在学校做运动。] Wǒ měitiān zài xuéxiào zuò yùndòng)

3. ~하는 것이 불편하지 않으세요?(Isn't it inconvenient to do~?~ 不覺得很不方便嗎? [~不觉得很不方便吗?]~Bù juédé hěn bù fāngbiàn ma?)

ex) 매일 버스를 타는 것이 불편하지 않으세요?(Isn't it uncomfortable to take a bus every day? 你每天坐公交車不覺得很不方便嗎? [你每天坐公交车不觉得很不方便吗?] Nǐ měitiān zuò gōngjiāo chē bù juédé hěn bù fāngbiàn ma?)

4. ~할 시간이 없다.(have no time to~,没有时间做~ [没有时间

做～] Méiyǒu shíjiān zuò～)

ex) 나는 집에서 운동할 시간이 없다.(I don't have time to do exercise at home. 我沒有時間在家做運動。 [我没有时间在家做运动。] Wǒ méi yǒu shíjiān zàijiā zuò yùndòng.)

┌─────────────────────────────┐
│   연습문제(pattern practice)   │
└─────────────────────────────┘

1. '우리같이～ 할까요?'를 사용해 서로 묻고대답하기(ask and ans wer using '우리 같이～ 할까요?')

2. '나는 매일~에서~을한다.'를 사용해 말해보기(Speak using '나 는 매일~에서~을한다.')

3. '~하는 것이 불편하지 않으세요?'를 사용해 서로 묻고 답하기 (ask and answer using '~하는 것이불편하지않으세요?')

4. '~할 시간이 없다.'를 사용해 말해보기(Speak using '~할시간이 없다.')

제9과

요즘 어떻게 지내세요?

(How are you recently?

最近過得怎麼樣?)

A(Mariana): 최선생님, 오랜만입니다. 요즘 어떻게 지내세요?(Mr. Choi,
Long time no see! How are you?)崔老師, 好久不見!
您最近過得怎麼樣?(崔老师, 好久不见! 您最近过得怎
么样?) Cuī lǎoshī, hǎojiǔ bùjiàn! Nín zuìjìnguò dé
zěnme yàng?

B(최교수): 마리아나씨, 반가워요! 우리 오랫동안 못만났군요. 요즘
한국어 배우는 일은 잘되나요? (Hi, Mariana, Glad to see
you! We haven't met for a long time. How is learning
Korean these days?) 你好, 瑪麗安娜, 很高興見到你!好
久不見。最近韓語學得怎麼樣? [你好, 玛丽安娜, 很高
兴见到你!好久不见。最近韩语学得怎么样?]) Nǐ hǎo,
mǎlì ānnà, hěn gāoxìng jiàn dào nǐ! Hǎojiǔ bùjiàn.
Zuìjìn hányǔ xué dé zěnme yàng?

A: 아직도 어렵게 느껴져요.(I still feel difficult.) 我還是覺得很
難。 (我还是觉得很难。) Wǒ háishì juédé hěn nán.

B: 가장 어렵게 느껴지는 점이 무엇이죠?(What do you find most

difficult?)你覺得最難的地方是什麼?(你觉得最难的地方是什么?) Nǐ juédé zuì nán dì dìfāng shì shénme?

A: 발음이 가장 어렵고, 어휘도 기억하기가 쉽질 않아요.(Pronuncia tion is the hardest and vocabulary is not easy to remember.) 發音最難, 而且詞彙記起來也不容易。(发音最难, 而且词汇记起来也不容易。) Fāyīn zuì nán, érqiě cíhuì jì qǐlái yě bù róngyì.

B: 발음은 천천히 좋아질 겁니다. 한국어 어휘를 배울때에는 한자와 함께 공부하세요. 한국어는 한자와 함께 공부하는 것이 효과적인 방법입니다.(Pronunciation will improve slowly. When you learn Korean vocabulary, study with Chinese characters. It is an effective way to study Korean with Chinese characters.) 發音會慢慢提高的。學習韓語詞彙時, 要同時學習漢字。把韓語和漢字結合起來是學習漢語的有效方法。(发音会慢慢提高的。 学习韩语词汇时, 要同时学习汉字。把韩语和汉字结合起来是学习汉语的有效方法。) Fāyīn huì màn man tígāo de. Xuéxí hányǔ cíhuì shí, yào tóngshí xuéxí hànzì. Bǎ hányǔ hé hànzì jiéhé qǐlái shì xuéxí hànyǔ de yǒuxiào fāngfǎ.

A: 선생님 말씀은 한자를 공부하는 것이 한국어를 배우는 기초라는 말씀이시죠?(Are you saying that studying Chinese characters is the foundation for learning Korean?) 您的意思是掌握漢字是學習韓語的基礎, 是嗎? (您的意思是掌握汉字是学习韩语的基础, 是吗?)

B: 맞아요. 한국어에서 한자어가 차지하는 비율은 70에서 80 퍼센트 정도입니다.(In Korean language, Chinese characters account for

70 to 80 percent of the total.) 沒錯, 在韓國語詞彙中漢字所佔的比例約為70％至80％。(沒錯，在韩国语词汇中汉字所占的比例约为70％至80％。) Méicuò, zài hánguó yǔ cíhuì zhōng hànzì suǒ zhàn de bǐlì yuē wèi 70%zhì 80%.

A: 최선생님, 현재 중국인들이 사용하는 한자는 한국과 다르죠, 그렇죠?(Mr. Choi, The Chinese characters recently used by Chinese people are different from Koreans, right?) 崔老師, 目前中國人使用的漢字跟韓國漢字不一樣, 是吧? (崔老师, 目前中国人使用的汉字跟韩国汉字不一样, 是吧?) Cuī lǎoshī, mùqián zhōng guó rén shǐyòng de hànzì gēn hánguó hànzì bù yīyàng, shì ba?

B: 그렇습니다. 그런데 비록 중국인들이 현재 사용하는 것은 간체자이지만 간체자와 번체자는 기본적으로 큰 차이가 없어요.(Yes, but although the Chinese are currently using Simplified Chinese, Simplified Chinese and Traditional Chinese are not much different.) 是的, 不過, 雖然中國人現在使用的是簡體字, 但是簡體字與繁體字並無太大區別。(是的, 不过, 虽然中国人现在使用的是简体字, 但是简体字与繁体字并无太大区别。) Shì de, bùguò, suīrán zhōngguó rén xiànzài shǐyòng de shì jiǎntǐzì, dànshì jiǎntǐzì yǔ fántǐ zì bìng wú tài dà qūbié.

A: 선생님 말씀이 틀리진 않아요. 하지만 어떤 경우엔 간체자와 번체자의 자형이 완전히 다르기도 합니다.(You are not wrong, but In some cases, the shapes of Simplified and Traditional Chinese are completely different.) 你說得沒錯。不過，有時候簡體字與繁體字的字形完全不一樣。(您说得没错。不过，有时候简体字与繁体字的字形完全不一样。) Nǐ shuō dé méi cuò. Bùguò, yǒu shíhòu jiǎntǐzì yǔ fántǐ zì de zìxíng wánquán bù yīyàng.

B: 그말도 맞아요. 이것이 바로 당신과 같은 외국인이 한자를 배우는데 어렵게 느껴지는 부분이죠.(That's right too. This is the reason why foreigners like you find it difficult to learn Chinese characters.) 對啊。這就是為什麼你們外國人覺得學漢字很困難。(对啊。这就是为何你们外国人觉得学汉字很困难。) Duì a. Zhè jiùshì wèishéme nǐmen wàiguó rén juédé xué hànzì hěn kùnnán.

A: 맞습니다. 그러면 한국인들은 한자어를 많이 사용하기 때문에 중국어를 배우는 것이 쉬워요?(You are right. Then Koreans use Chinese characters a lot, so learning Chinese is easy?) 是啊。你們韓國人大量使用漢字，那麼對你們來說學中文很容易嗎?(是啊。你们韩国人大量使用汉字，那么对你们来说学中文很容易吗?) Shì a. Nǐmen hánguó rén dàliàng shǐyòng hànzì, nàme duì nǐmen lái shuō xué zhōngwén hěn róngyì ma?

B: 꼭 그렇지는 않아요. 왜냐하면 한국인들은 체면을 중시하기 때문에 입을 열길 싫어하고 또 말을 잘못할까 두려워 하죠.(Not necessarily. Because Koreans value face, they hate to open their mouths and fear that they can't speak well.) 那也不見得。因為韓國人愛面子，所以不愛開口，怕說得不好。(那也不见得。因为韩国人爱面子，所以不爱开口，怕说得不好。) Nà yě bùjiàn dé. Yīnwèi hánguó rén àimiànzi, suǒyǐ bù ài kāikǒu,

pà shuō dé bù hǎo.

A: 선생님 말씀이 맞는 것 같아요. 어떤 학생들은 부끄럼이 많아 입을 잘 열려고 하질 않는 것 같아요.(I think you're right. Some students are so shy that they don't try to open their mouths.) 您說得沒錯。有些學生很害羞, 不肯開口。(您说得没错。有些学生很害羞, 不肯开口。) **Nín shuō dé méicuò. Yǒuxiē xuéshēng hěn hàixiū, bù kěn kāikǒu.**

B: 만약 입을 열어 말을 하려고 하지 않는다면 외국어는 절대 향상되지 않을 겁니다.(If you don't try to speak, your foreign language will never improve.) 如果你不肯開口說話, 你的外語永遠不會有進步。(如果你不肯开口说话, 你的外语永远不会有进步。) **Rúguǒ nǐ bù kěn kāikǒu shuōhuà, nǐ de wàiyǔ yǒngyuǎn bù huì yǒu jìnbù.**

A: 알겠습니다. 선생님, 감사합니다.(I see Mr. Choi. Thank you.)我明白了, 謝謝老師! (我明白了, 谢谢老师!)

B: 마리아나씨의 한국어 실력이 빨리 진보하길 희망합니다. 또 봬요!(I hope Mariana's Korean language ability will progress quickly.) 希望瑪麗安娜的韓語進步很快。再見! (希望玛丽安娜的韩语进步很快。再见!)

===

* Comparison of pronunciation between Korean Chinese character and original Chinese (한국의 한자와 중국어 발음 비교)

	ChinesePinyin, KoreanPronunciation (한어병음, 한국어 발음)	Korean Chinese Pronunciation Romanization(한국 한자음 로 마자 표기, 한국어 발음)
發音(发音)	[Fayin] [파인]	[Bal eum] [발음]
語彙(语汇)	[Yuhui] [위후이]	[Eo hwi] [어휘]
記憶(记忆)	[Jiyi] [지이]	[Gi eok] [기억]
漢字(汉字)	[Hanzi][한쯔]	[Han ja][한자]
體面(体面)	[Timian][티미엔]	[Che myeon][체면]
工夫(工夫)	[Gongfu][꿍푸]	[Gongbu][공부]
效果的(效果的)	[Xiaoguode][샤오꿔더]	[Hyo gwa jeok][효과적]
字形(字形)	[Zixing][쯔싱]	[Ja hyeong][자형]
基礎(基础)	[Jichu][지추]	[Gi cho][기초]
基本的(基本的)	[Jibende][지뻔더]	[Gi bon jeok][기본적]
部分(部分)	[Bufen][뿌픈]	[Bu bun][부분]
重視(重视)	[Zhongshi][쭝쓰]	[Jung si][중시]
絶對(绝对)	[Juedui][줴뚜이]	[Jeol dae][절대]
向上(向上)	[Xiangsang][샹상]	[Hyang sang][향상]
完全(完全)	[Wanquan][완췐]	[Wan jeon][완전]
比率(比率)	[Bilv][삐뤼]	[Bi yul][비율]
使用(使用)	[Shiyong][쓰융]	[Sa yong][사용]
實力(实力)	[Shili][쓰리]	[Sil lyeok][실력]
簡體(简体)	[Jianti][졘티]	[Gan che][간체]
進步(进步)	[Jinbu][진뿌]	[Jin bo][진보]
希望(希望)	[Xiwang][시왕]	[Hui mang][희망]
繁體(繁体)	[Fanti][판티]	[Beon che][번체]

1. 당신(선생님)의 말씀은~~ 라는 말씀이시죠? [You mean~~, right? or Are you saying~~ ?, 您的意思是~~, 是嗎(吧)? (您的意思是~~, 是吗(吧)?) Nín de yìsi shì~~, shì ma (ba)?]

ex) 당신의 말씀은 그가 잘못했다는 말씀이시죠?(Are you saying he was wrong? 您的意思是他錯了, 是嗎? [您的意思是他错了, 是吗?] Nín de yìsi shì tā cuòle, shì ma?)

2. ~는(와)~와(는) 같지 않다(~ is not like~,~跟~不一樣 [~跟 ~不一样]~gēn~bù yīyàng)

ex) 나는 그와 같지 않다.(I am not like him. 我跟他不一樣。[我跟他不一 樣。] Wǒ gēn tā bù yīyàng)

3. 꼭 그렇지는 않아요.(That's not necessarily the case. 那也不見 得。[那也不见得。]Nà yě bùjiàn dé.)

ex) 당신은 매일집에서 식사를 하나요? - 꼭 그렇지는 않아요. [Do you eat at home every day?(你每天都在家吃飯嗎? [你每天都在家吃饭吗?] Nǐ měitiān dū zàijiā chīfàn ma?) - Not always。(不一定。) [不一定。] Bù yīdìng.]

4. 비록~이지만(though ~but, 雖然~, 但是~[虽然~, 但是~] Suīrán~, dànshì~)

ex) 그는 비록 가난하지만 매우 행복합니다.(Though he is poor but very

happy. 他雖然很窮, 但是很快樂。[他虽然很穷, 但是很快乐。] Tā suīrán hěn qióng, dànshì hěn kuàilè.)

5. 만약~이라면(if, 如果 [如果] rúguǒ)

ex) 만약 그가 가지않는다면 나도 안 갈것입니다.(If he doesn't go, I won't go either. 如果他不去, 我也不去。[如果他不去, 我也不去。] Rúguǒ tā bù qù, wǒ yě bù qù.)

연습문제(pattern practice)

---

1. '당신의 말씀은~~'을 사용해 말해보기(Speak using '당신의말씀은~~')

2. '~는(와)~와(는) 같지않다.'를 사용해 말해보기(Speak using '~는(와)~와(는) 같지않다')

3. '꼭 그렇지는 않아요.'를 사용해 서로묻고 답하기(Ask and answer using '꼭 그렇지는 않아요.')

4. '비록~이지만'을 사용해 말해보기(Speak using '비록~이지만')

5. '만약~이라면'을 사용해 말해보기(Speak using '만약~이라면')

제10과

이번 겨울방학에 무엇을 할 계획입니까?

(What are you planning to do this winter vacation?

這個寒假你打算做什麼? [这个寒假你打算做什么?])

A(이민호): 이번 겨울방학에 뭘 할 계획이죠?(What are you plan ning for this winter vacation?) **這個寒假你打算做什麼? (这个寒假你打算做什么?) Zhège hánjià nǐ dǎsuàn zuò shénme?**

B(김미영): 이번 겨울방학엔 해외여행을 갈 계획이에요.(I plan to travel abroad this winter vacation.)**這個寒假我打算去海外旅遊。(这个寒假我打算去海外旅游。) Zhège hánjià wǒ dǎsuàn qù hǎiwài lǚyóu.**

A: 어디에 갈 계획이죠?(Where do you plan to go?) **你打算去哪兒呢? (你打算去哪儿呢?) Nǐ dǎsuàn qù nǎ'er ne?**

B: 이번엔 제가 전에 안 간 곳을 가고싶어요.(This time I want to go where I've never been before.) **這次我想去一個以前沒去過的地方。(这次我想去一个以前没去过的地方。) Zhècì wǒ xiǎng qù yīgè yǐqián méi qùguò dì dìfāng.**

A: (나는 당신이)여행을 좋아하는 걸 알고 있어요. 이번에는 아시아

로 여행할 생각이에요 아니면 유럽으로 갈 작정이에요?(I know you like to travel. Are you going to travel to Asia or Europe this time?) 我知道你喜歡旅遊，這次你想去亞洲還是歐洲呢? (我知道你喜欢旅游，你这次想去亚洲还是欧洲呢?) Wǒ zhīdào nǐ xǐhuān lǚyóu, zhècì nǐ xiǎng qù yàzhōu háishì ōuzhōu ne?

B: 이번엔 남부유럽에 가고싶어요. 저는 여태껏 남유럽에 간 적이 없어요.(This time I want to go to southern Europe. I have never been to Southern Europe.)這次我想去南歐。我從來沒去過南歐。(这次我想去南欧。我从来没去过南欧。) Zhècì wǒ xiǎng qù nán'ōu. Wǒ cónglái méi qùguò nán'ōu

A: 전에 남유럽에 안갔었나요? 남유럽 어느 나라에 가고싶어요?(Didn't you go to Southern Europe before? Which country in Southern Europe do you want to go to?) 你沒去過南歐嗎? 你想去南歐哪個國家? (你没去过南欧吗? 你想去南欧哪个国家?) Nǐ méi qù guò nán'ōu ma? Nǐ xiǎng qù nán'ōu nǎge guójiā?

B: 저는 (일찍이) 많은 나라에 간 적이 있지만 남유럽만 못갔어요.(I have been to many countries before, but I haven't been to Southern Europe.)我去過很多國家，就是沒去過南歐。(我去过很多国家，就是没去过南欧。) Wǒ qùguò hěnduō guójiā, jiùshì méi qùguò nán'ōu.

A: 남유럽 국가라면 이탈리아, 스페인, 그리스 등 나라가 포함되는데, 특별히 가고 싶은 나라가 있나요?(Southern European countries include Italy, Spain and Greece. Do you have any particular country you want to go to?) 南歐國家包括意大利、 西班牙、 希臘等國， 你有什麼特別想去的國家嗎？ (南欧国家包括意大利、 西班牙、希腊等国, 你有什么特别想去的国家吗?) Nán'ōu guójiā bāokuò yìdàlì, xībānyá, xīlà děng guó, nǐ yǒu shé me tèbié xiǎng qù de guójiā ma?

B: 저는 오래전부터 이탈리아의 로미를 여행하고 싶었어요. (I have been wanting to travel to Rome in Italy for a long time.) 我早就想去意大利的羅馬了。(我早就想去意大利的罗马了。) Wǒ zǎo jiù xiǎng qù yìdàlì de luómǎle.

A: 이탈리아는 유럽의 가장 오래된 문화국가 중 하나이고, 로마는 일찍이 세계의 중심이었죠. 응당가봐야지요. 이탈리아 외에 또 어느 나라에 가고 싶어요?(Italy was one of the oldest cultural countries in Europe, and Rome was the center of the world. You should travel. What country do you want to go to besides Italy?) 意大利是歐洲最古老的文明古國之一, 而且羅馬是曾經的世界的中心, 應該去看看。 (意大利是欧洲最古老的文明古国之一, 而且罗马曾经是世界的中心, 应该去看看。 除了意大利以外, 你还想去哪些国家?) Yìdàlì shì ōuzhōu zuì gǔlǎo de wénmíng gǔguó zhī yī, érqiě luómǎ shì céngjīng de shìjiè de zhōngxīn, yīnggāi qù kàn kàn.

B: 이탈리아 외에도 스페인과 그리스에 특히 가고 싶어요.(In addition to Italy, I especially want to go to Spain and Greece.) 除

了意大利之外, 我還想去看看西班牙和希臘。(除了意大利之外，我还想去看看西班牙和希腊。)Chúle yìdàlì zhī wài, wǒ hái xiǎng qù kàn kàn xībānyá hé xīlà.

A: 사실, 겨울에는 남유럽에 가는게 맞아요.(In fact, it's right to go to southern Europe in winter.)其實, 冬天去南歐旅遊是對的。 (其实, 冬天去南欧旅游是对的。) Qíshí, dōngtiān qù nán'ōu lǚyóu shì duì de.

B: 왜죠?(Why?)爲什麼呢? (为什么呢?) Wèishéme ne?

A: 왜냐하면 북유럽과 동유럽은 겨울에 너무 추워 관광하고 여행하기엔 (그리)적합하지 않아요.(Because northern and eastern Europe is too cold to go sightseeing and travel in winter.) 因為北歐和東歐的冬天太冷, 不適合觀光旅遊。 (因为北欧和东欧的冬天太冷, 不适合观光旅游。) Yīnwèi běi'ōu hé dōng'ōu de dōngtiān tài lěng, bùshìhé guānguāng lǚyóu.

B: 민호씨 말이 맞아요. 재작년 겨울방학에 체코에 갔었는데 너무 추워 하마터면 얼어 죽을 뻔했어요.(Minho, you are right. I went to the Czech Republic for the winter vacation last year and it was so cold that I almost died.) 你說得對。去年寒假我去捷克的時候, 冷得要命, 差點兒凍死了。 (你说得对。去年寒假我去捷克的时候, 冷得要命, 差点儿冻死了。) Nǐ shuō dé duì. Qùnián hánjià wǒ qù jiékè de shíhòu, lěng dé yàomìng, chàdiǎn er dòngsǐle.

A: 추운 것 외에도 날이 너무 빨리 어두워져 오후엔 관광할 시간도 별로 없어요.(In addition to the cold, the days get dark so quickly that there is not much time to see the sights in the afternoon.) 除了冷以外，天黑得太早，下午沒有什麼時間觀光。(除了冷以外，天黑得太早，下午没有什么时间观光。) Chúle lěng yǐwài, tiān hēi dé tài zǎo, xiàwǔ méiyǒu shé me shíjiān guānguāng.

B: 맞아요. 그런데 이탈리아에 올해 대지진이 발생해 좀 걱정이에요.(Right. But I'm a little worried about the earthquake in Italy this year.) 你說得沒錯，不過意大利今年發生過大地震，我有點擔心。(你说得没错，不过意大利今年发生过大地震，我有点担心。) Nǐ shuō dé méicuò, bùguò yìdàlì jīnnián fāshēng guodà dìzhèn, wǒ yǒudiǎn dānxīn.

A: 걱정할 필요 없어요. 지진이 그리 쉽게 발생하는 것이 아니에요.(No need to worry. Earthquakes don't happen so easily.) 不用擔心。地震並非那麼容易發生的。(不用担心。地震并非那么容易发生的。) Bùyòng dānxīn. Dìzhèn bìngfēi nàme róngyì fāshēng de.

B: 맞아요, 인명은 재천이니까요.(You are right. Life and death are providential.)對，人命在天嘛。(对，人命在天嘛。) Duì, rénmìng zài tiān ma.

===

	ChinesePinyin, KoreanPronunciation (한어병음, 한국어 발음)	Korean Chinese Pronunciation Romanization(한국 한자음 로마자 표기, 한국어 발음)
旅行(旅行)	[Lvxing] [뤼싱]	[Yeo haeng] [여행]
放學(放学)	[Fangxue][팡쒜]	[Bang hak][방학]
南部(南部)	[Nambu] [난뿌]	[Nam bu] [남부]
國家(国家)	[Guojia][꿔쟈]	[Guk ga][국가]
文化(文化)	[Wenhua][원화]	[Mun hwa][문화]
世界(世界)	[Shijie][쓰제]	[Se gye][세계]
中心(中心)	[Zhongxin][쭝신]	[Jung sim][중심]
應當(应当)	[Yingdang][잉당]	[Eung dang][응당]
適合(适合)	[Shihe][쓰허]	[Jeok hap][적합]
午後(午后)	[Wuhou][우허우]	[Ohu][오후]
大地震(大地震)	[Dadizhen][따디쩐]	[Dae ji jin][대지진]
發生(发生)	[Fasheng][파셩]	[Bal saeng][발생]
人命在天(人命在天)	[Renmingzaitian][런밍짜이텐]	[In myeong jae cheon][인명재천]

구문익히기(Learn Korean phrases)

1. 무엇을 할 계획입니까?(What are you planning to~, 你打算做什麼? [你打算做什么?] Nǐ dǎsuàn zuò shénme?)

ex) 당신은 이번 겨울에 무엇을 할 계획입니까?(What are you planning to do this winter? 這個冬天你打算做什麼? [这个冬天你打算做什么?] Zhège dōngtiān nǐ dǎsuàn zuò shénme?)

2. 여태껏~한 적이 없다(have never p・p, 從來沒~過 [从来没~
过] cónglái méi~guò)

ex) 그는 여태껏 한국에 간 적이 없다. [He has never been to Korea. 他從來
沒去過韓國。 [他从未去过韩国。]Tā cóng wèi qùguò hánguó.)

3. ~하기에 (그리) 적합하지 않다(Not suitable for~,不適合~ [不
适合~] bùshìhé)

ex) 집에서 운동하기에는 그리 적합하지 않아요.(Not very suitable for
exercising at home. 不太適合在家運動。[不太适合在家运动。] Bù tài
shìhé zàijiā yùndòng.)

4. 하마터면~할 뻔하다(almost~,幾乎、差不多、差點兒 [几乎、
差不多、差點兒] Jīhū, chàbùduō,Chàdiǎn er)

ex) 나는 하마터면 지각할 뻔하였다.(I was almost late. 我差點兒遲到了。[我
差点儿迟到了。] Wǒ kuài dàole.)

5. 특별히~하고 싶은(especially want to~, 特別想~ [特別想~]
Tèbié xiǎng~)

ex) 특별히 먹고 싶은 음식이 있나요? [Is there anything special you want to
eat?(Do you have any special food you want to eat? 你有什麼特別想吃的
食物嗎? [你有什么特别想吃的食物吗?]) Nǐ yǒu shé me tèbié xiǎng chī
de shíwù ma?

1. '무엇을 할 계획입니까?'를 사용해 물어보고 답하기(Ask and Speak using '무엇을할계획입니까?')

2. '여태껏~한 적이 없다'를 사용해 말해보기(Speak using '여태껏 ~한 적이 없다')

3. '~하기에(그리) 적합하지 않다'를 사용해 말하기(Speak using '~하기에(그리) 적합하지 않다')

4. '하마터면~할 뻔하다'를 사용해 말해보기(Speak using '하마터 면~할 뻔하다')

한국어, 중국어, 영어 관용표현(韩国语, 汉语和英语惯用语)
Korean Chinese and English idiomatic expressions

1. 비교·선택 등에 관한 표현 Expressions regarding comparison and selection

1) 가장 긴급한 일은~ 이다. : 最迫切的事是～～(Zuì pòqiè de shì shì～～)The most urgent thing is~

2) 단지~하는 수밖에 없다. : 只好～～(Zhǐhǎo～～) There is nothing but to~

3) 꼭 그런 것만은 아니다. : 未必、不一定 (wèibì, bù yīdìng) Not necessarily~

4) A같지도 않고 B같지도 않다. 혹은 A도 아니고 B도 아니다. : 既不是A也不是B (jì bùshì A yě bùshì B) : Neither A nor B.

5) 거의~와 마찬가지다. : 簡直是~ [简直是~] (Jiǎnzhí shì～). be almost equal to

6) 적게는~이고, 많게는~이다. : 少則~, 多則~ [少则~, 多则~] (Shǎo zé～, duō zé～) . At least～, As many as～

7) ~하느니 차라리~하는 것이 낫다. : 與其～～, 不如～～[与其～~, 不如～～] (yǔqí～, bùrú～). It is better to do than to do

8) ~는 좋은데 다만~하다. :~很好, 但是～～(~hěn hǎo, dànshì ～).~is good, but only

9) ~를 해야 할지 안해야 할지. : 是否做~ (shìfǒu zuò～)whether

to do or not

10) ~할 수있으면~하고, ~할 수없으면~하다. : 如果能~ 就~, 如果不能~, 就~(Rúguǒ néng~jiù~, rúguǒ bùnéng~, jiù) If you can~, ~~ If you can't

11) ~하는 편이 오히려 낫다:~更好(gèng hǎo) It is rather~, It's better to do something. 힘들게 사느니 죽는 편이 오히려 낫다. : 比活著受苦,死了更好。[比活着受苦,死了更好。] (Bǐ huó zhe shòukǔ, sǐle gèng hǎo.)It is better to die than to live hard.

12) A보다 더~를 B하게 하는 것은 없다. : 沒有比A更讓~B了[没有比A更让~B了] (Méiyǒu bǐ A gèng ràng~B le) Nothing makes B more than A, There is nothing more B than A. 그것보다 더 나를 슬프게 하는 건 없다(沒有什麼比這更讓我難過了。[没有什么比这更让我难过了。](Méiyǒu shé me bǐ zhè gèng ràng wǒ nánguòle)Nothing makes me sad more than this.)

13) 차라리~할지언정~하지는 않겠다. : 寧可/寧願~, 也不~ [宁可/宁愿~, 也不~] (Nìngkě/nìngyuàn~, yě bù~) I'd rather not~

14) 유일하게 할 수있는: 唯一能够做的~ (Wéiyī nénggòu zuò de~) The only thing~can do

15) 다른 선택의 여지가 없다. : 沒有別的選擇 [没有别的选择] (Méiyǒu bié de xuǎnzé) There is no other choice

16) ~해도 무방하다. : 不妨~ (bùfáng~) may,

17) 바꾸어 말하자면 혹은 다시말해서: 換言之 [换言之] (huànyán

zhī) In other words

18) 한편으로는~하면서 또 한편으로는~하다. : 一方面~, 另一方面~(Yī fāngmiàn~, lìng yī fāngmiàn~) on the one hand~ and on the other hand~

19) ~와~는 별개의 것이다. :~和~是兩回事 [~和~是两回事] [~hé~shìliǎnghuíshì]~ is one thing and~is another thing.

20) 더할나위 없이~하다. : 再~ 不过了(Zài‐bùguòle) No doubt ~, couldn't be~

21) 마음은 있어도 능력이 없다. : 心有餘而力不足 [心有余而力不足] (Xīn yǒuyú ér lì bùzú) Mind but not power~, have the heart but no ability

22) ~하는 것은 좋은 일이다. :~是好事 (~Shì hǎoshì) It is a good thing to

23) 우연히 얻어지는 것이지 억지로 구해지는 것이 아니다. : 可遇而不可求 (Kě yù ér bùkě qiú) It is obtained by chance, not by force.

24) ~할 방도가 없다. : 無法~[无法~] (Wúfǎ~) Have no way of doing

25) 만약 저였다면: 要是我的話 [要是我的话] (Yàoshi wǒ dehuà) If I were you~

26) 그 누구보다도~하다. : 比誰都~[比谁都~] (bǐ shuí dōu~) Do more than anyone else

27) ~와는 상관이 없다. : 與~不相干 [与~ 不相干] (Yú~bù xiānggān) have nothing to do with~

28) 말은 그럴 듯 하지만: 話是不錯, 不過~ [话是不错, 不过~]
    (huà shì bùcuò, bùguò~) It makes sense but~

29) 하마터면~ 할뻔하다. : 幾乎/差點~ [几乎/差点~] (Jīhū/chà
    diǎn~) almost~

30) ~하고도 또~한: 既~又~ (jì~yòu~) not only~ but also~

31) 결국~하는셈이다. : 總算/終於~[总算/终于~] (Zǒngsuàn/zhōng
    yú~) In the end

32) ~와 동일하다. : 等於/等於~ [等于/相当于~] (děngyú/děngyú
    ~) the same as

33) 겉으로는~하나 속으로는~한다. : 表面上~~, 實際上~~[表
    面上~, 实际上~] (Biǎomiàn shàng~, shíjì shang~) on the
    outside but~on the inside

34) 결론적으로 말하자면: 總的來說,/總而言之,/總之, [总的来说,/
    总而言之,/总之,] (Zǒng de lái shuō,/zǒng'éryánzhī,/zǒngzhī,)
    In conclusion

35) ~에 달려있다. : 取決於~ [取决于~] (qǔjué yú~) depend on~

36) ~일 줄 알았다면 나는~ 하지 않았을텐데: 早知道~, 我才不
    會~ [早知道~~, 我才不会~] (Zǎo zhīdào~, wǒ cái bù huì
    ~) If~knew~, would not~

37) 그렇지 않으면: 否則/不然 [否则/不然] (fǒuzé/bùrán) otherwise

38) 다행히~ 이니망정이지, 그렇지 않으면: 幸虧~, 不然~ [幸
    亏~, 不然~] (xìngkuī~, bùrán~) Luckily,~, otherwise

39) ~는 그렇다 치더라도 그래도~ :~倒也罷了, 可是~ [~倒也
    罷了, 可是~] (~dào yěbàle, kěshì~) but~, even so.

40) 결정을 내리다. : 出主意 (chū zhǔyì) decide, make a decision

41) 본래의 의도는~에 있다. : 醉翁之意在於~ [醉翁之意在于~] (Zuì wēng zhī yì zàiyú~) The original intention is at~, one's original intention is to

42) 당신과 무관합니다. : 不關你的事 [不关你的事] (Bù guān nǐ de shì) have nothing to do with you, It's none of your business.

43) 아마도~와 꼭같다. : 大概一樣 [大概一样] (dàgài yīyàng) Probably the same as

44) ~의 자리를 대신하다. : 代替~(dàitì~) Take the place of

45) 아마도~인듯하다. : 好像/似乎 (hǎoxiàng/sìhū) It seems like that

46) 마치~인듯하다. : 彷佛~ (fǎngfú~)Feel like

47) ~와 같은 : ~般的/就像~一樣[~般的/就像~一样] (~bān de/jiù xiàng~yīyàng) (be like~, as~as~)

2. 의지·당연·희망 등에 관한 표현 Expressions about will, due and hope

48) 여하튼 간에: 不管怎麼样[不管怎么样] (bùguan zěnme yàng) Anyway

49) 아무리~하여도 혹은 아무리~하든 간에: 任憑/不管~ [任凭/不管~] (rènpíng/bùguan) However much…may

50) 아무도~할 수 없다. : 没有任何人可以~(Méiyou rènhé rén

kěyi) Nobody can~

51) 반드시~해야 한다. : 必須~ [必须~] (bìxū~) must

52) 결코~이 아니다. : 從不~ [从不~] (cóng bù) Never

53) ~하지 않으면 어때요! : 不~也罷! [不~也罢!] (bù~yěbà!) Might as well if~don't

54) 본래 가지고 있는 혹은 응당 있어야 할: 應有的[应有的] (yīng you de) Inherent

55) 기어코~하고 말겠다. : 非~不可(fēi~bùkě) must

56) ~이 없어서는 안된다. : 应该没有~(yīnggāi méiyou~) Must be without

57) 억지로 떼를 쓰다. : 無理取鬧[无理取闹] (Wúliqunào) ask for the impossible

58) 비록~하더라도: 即使~ (jíshi) although~

59) 비록~하더라도 여전히~하다. : 即使~, 也~(Jíshi~, yě~) Although~

60) 설령~한다 할지라도 그래도~하다. : 縱然~, 也~[纵然~, 也~] (zòngrán~, yě~)Although~

61) 오로지(단지)~한다면: 只要~(zhiyào~) as long as

62) 단지~만하면 충분히~하다. : 只要~, 就~ (zhiyào~, jiù~)as long as

63) 자나깨나 바라는: 夢寐以求的[梦寐以求的] (mèngmèiyiqiú de) dreamt of

64) 억지로~하다. : 强行~ (qiángxíng~) forcefully

65) ~하여 죽을 지경이다. : 非常/極度[非常/极度] (fēicháng/jídù)

very/extremely

66) ~하느라 침이 다 마르다. : ~得口水都乾了[~得口水都干了]
   (~dé koushui dōu gànle)One's saliva dries up

67) ~에게 반발하다. : 和~作對 [和~ 作对] (hé~zuòduì) Resist
   against

68) 아무리~하더라도 절대~해서는 안된다. : 不管多~也絕不應
   該~[不管多~ 也绝不应该~] (Bùguan duō ~yě jué bù yìng
   gāi~)No matter how much~,~must not

69) 무슨 일에서 손을 씻다. : 洗手不幹[洗手不干](xishou bù gàn)
   don't do anymore

70) ~를 위해 할 도리를 다하다. : 對~仁至義盡 [对~ 仁至义
   尽](duì~rénzhìyìjìn)Do everything for

71) ~하고 싶은 대로~하다. : 隨心所欲[随心所欲](Suíxīnsuoyù)
   Do as desired

72) 매우~하고싶다. : 恨不得/很想(hènbudé/hěn xiang) really want
   to~

73) ~의 위신을 위해 힘을 다하다. : 為~ 爭一口氣[为~ 争一口
   气] (wèi~zhēng yī kouqì) Work hard for the dignity of

74) ~의 마음을 단념하다. : 放棄[放弃] (fàngqì) give up

75) ~를 억지로 강요하다. : 勉强~ (mianqiáng~)unwillingly

76) 다만~를 바랄뿐이다. : 只想~ (zhi xiang~) just want

77) 사람마다 책임이 있다. : 人人有責[人人有责] (rén rén you
   zé)Everyone has a responsibility

78) ~하고자 하는 마음이 절실하다. : 渴望~[渴望~] (kěwàng

~)Desperately wants to

79) 이를 악물고~하다. : 咬緊牙關[咬紧牙关] (yao jin yáguān) grin and bear

80) 현재~하는 것이 가장 요긴하다. : 目前最要緊的是[目前最要緊的是] (Mùqián zuì yàojin de de shì)At the moment the most important thing is to~

81) ~하려고 아예 작정을 하다. : 試圖~[试图~] (shìtú~) Make an attempt to

82) 기어코(한사코)~하다. : 偏要~ (piān yào) must

83) ~하길 매우 바라다. : 渴望/盼望~ (Kěwàng/pànwàng~) look forward to

84) 모두다~하다. : 盡了最大努力做某事/~遍了[尽了最大努力做某事/~遍了] to have made every effort to

85) ~을 개의치 않다. 혹은~을 대수롭지 않게 여기다. : 不把~當一回事[不把~当一回事] (bù ba~dāng yī huí shì)Take little care of

86) 절대~해서는 안된다. : 千萬不可~[千万不可~] (qiān wàn bùkě~)must not, never

87) 만약~한다면 얼마나 좋을까! : 要是~那多好啊! (yàoshi~nà duō hao a!) How good would it be if~!

88) ~하지 않도록: 免得/省得~(miandé/shěngdé~) so that not to~

89) 꼭~ 하지 않으면 안된다. : 非得~不可(fēiděi~bùkě)must

90) ~하기 조차 싫다. : 懶得~[懒得](lǎndé)don't even want to

91) 몹시~하다. :~得很/~得慌(~dé hěn/huāng) Terribly

92) 무슨 방법을 써서라도~하려고 하다. : 想方設法~[想方设法~] (xiǎngfāngshèfǎ~) In any way

93) ~해야 할때는~하다. :~的時候[~的时候] (~de shíhòu) time to do

94) 누구에게 본때를 보여주다. : 給~點顏色看看[给~点颜色看看] (gěi~diǎn yánsè kàn kàn) show someone a thing or two

95) 누구의 살길을 끊어버리다. : 斷~的生路[断~的生路] (duàn - de shēnglù)cut a person's bread, Cut off one's way of life

96) 용기를내다. 얼굴에 철판을깔다. : 鼓起勇氣[鼓起勇气](gǔ qǐ yǒngqì)Take courage

97) ~함으로써~하지 않도록 해야한다. : 做~免得~ (zuò~miǎn dé~) (to do~so as to avoid)

98) ~하지 않을 생각은 말라. : 別想/甭想~ (bié xiǎng/béng xiǎng ~)Do not think

99) 모든 전력을 다쏟다. : 竭盡全力[竭尽全力] (jiéjìn quánlì)Put all the power in

100) 누가 감히 아니라고 말하겠는가? : 誰敢說個不字? [谁敢说个不字?](Shuí gǎn shuō gè bù zì?) Who dares say no?

101) ~할 자격이 없다. : 不配~(bùpèi) not deserve

102) 단지~라고 여길 따름이다. : 只當~[只当~] (zhǐ dāng~)only think

103) 조금도~하지 않고: 一點也不[一点也不](yīdiǎn yě bù)Without any

104) ~의 방향을 향해가다. : 朝~ 方向走(cháo~fāngxiàng zǒu)

Go in the direction of

3. 성격 신상 · 습관 · 관념 등에 관한 표현 Expressions about personality, habits, ideas, etc.

105) 약고 닳아 빠진 사람: 勢利/現實[势利/现实] (shìlì/xiànshí) snobbish

106) 열이나다, 기절하다. : 發燒, 暈倒[发烧、晕倒] (fāshāo, yūn dǎo) have a fever. faint

107) 이리저리 떠돌아다니다. : 四處流浪[四处流浪] (sìchù liúlàng) Wander about

108) 꿍꿍이속이 있다. : 心裡有鬼[心里有鬼] (xīnlǐ yǒu guǐ) Have a deceit

109) 잘난체하며 뽐내다. : 驕傲自大[骄傲自大](jiāo'ào zì dà) boast

110) ~를 무시하지않다. : 不忽視~[不忽视~] (bù hūshì~)Do not ignore

111) 행동이 의심스러운: 形跡可疑[形迹可疑](xíngjì kěyí)Suspici ous of action

112) 말조심하다. : 說話要謹慎小心[说话要谨慎小心] (shuōhuà yào jǐnshèn xiǎoxīn) Be careful of speaking

113) 단도직입적이다. : 直截了當[直接了当](Zhíjiéliǎodāng)It is st raightforward.

114) 마음속으로: 發自内心[发自内心](fā zì nèixīn)In mind

115) 차일피일 미루다. : 一拖再拖(yī tuō zài tuō)Postpone, put off

day after day

116) 요란하게 허세를 부리다. :炫耀(xuànyào)show off

117) 안하무인격이다. : 目中無人[目中无人] (mùzhōngwúrén)be au dacious

118) 마음속으로 다알다. : 心裡都知道[心里都知道] (xīnlǐ dōu zhī dào)Know everything in the heart

119. 복이 나가다. : 折福(zhć fú)lose one's luck

120.~복이 있다. : 賜福[赐福] (cì fú)be blessed

121) 자질구레한 일: 鷄毛蒜皮[鸡毛蒜皮] (jī máo suàn pí)a trifling matter

122) 몸보신하다. : 補身子[补身子] (bǔ shēnzi) strengthen oneself with a tonic

123) ~의 똥오줌을 받다. : 替~ 端屎端尿(tì~duān shǐ duān niào) serve one's feces and urine

124) 마음이 편하다. : 自在(zìzài)relaxed

125) 화가난 나머지: 一氣之下[一气之下] (yīqìzhīxiàin) a fit of anger

126) 술주정하다. : 發酒瘋[发酒疯] (fājiǔfēng)play drunken frenzy

127) ~의 사실이 부끄럽지 않다. : 不愧是~ (bùkuì shì~)Not be ashamed of the fact

128) 발 붙일 곳: 落腳的地方[落脚的地方] (luòjiǎo dì dìfāng) place.in

129) 마음속의 응어리: 心裡的疙瘩[心里的疙瘩] (xīnlǐ de gēda) in ner curls

130) 엄두도 못하다. : 想都別想(xiǎng dōu bié xiǎng)Have no sense

131) 꿈에도 생각못하다. : 作夢也沒想到[作梦也没想到] (zuò mèng yě méi xiǎngdào) Never dream

132) 너무 깊이 복잡하게 생각하다. : 想太多(xiǎng tài duō) think too deeply

133) 일을 대충처리하다. : 大而化之(dà ér huà zhī) Handle roughly

134) 고정관념이 깊다. : 成見很深[成见很深] (chéng jiàn hěn shēn) Have a deep stereotype

135) 스스로 고통을 가하다. : 自我折磨(zìwǒ zhémó)Suffer for oneself

136) 스스로 자신을 천하게 만들다. : 使自己尷尬[使自己尴尬] (shǐ zìjǐ gāngà) Embarrass oneself

137) 지난일은 잊어버리다. : 過去的事情就讓它過去[过去的事情就让它过去](guòqù de shìqíng jiù ràng tā guòqù)Forget the past

138) 속으로 죄책감을 갖다. : 心里內疚(xīnlǐ nèijiù)Feel guilty

139) 적당히 얼버무리다. : 敷衍/隨隨便便應付[敷衍/随随便便应付] (fūyǎn/suí suí pián pián yìngfù)muddle about

140) 감언이설을 하다. : 說好話[说好话](shuō hǎo huà)sweet talk, sweeten

141) 해서는 안될 말을 하다. : 說不應該說的話[说不应该说的话] (shuō bu yīnggāi shuō dehuà)Say something not to say

142) 힘이 없어 보이다. : 顯得無精打采[显得无精打采] (xiǎndé

wújīngdǎcǎi) Look weak

143) 마음에 들다. : 喜歡上[喜欢上~] (xǐhuān shàng) Like

144) 적당히 하다. : 點到為止[点到为止] (diǎn dào wéizhǐ)Moderate

145) 넋을 잃다. : 發呆[发呆] (fādāi)Fascinated

146) 정신을 못차리다. : 執迷不悟[执迷不悟] (zhímíbùwù)Be unc
onscious

147) 사람이 목석이 아닌 이상~ : 人非草木(rén fēi cǎomù)Unless
a person is wood

148) 좋은 쪽으로 생각하다. : 往好處想[往好处想] (wǎng hǎochù
xiǎng)Think good

149) ~의 몸으로서: 身為~[身为~] (shēn wèi~) as a~

150) 가슴 가득찬~ : 一肚子的~ (yī dùzi de~)Heart-filled

151) 식언하다. : 食言(shíyán) break [take back] one's promise

152) 철이 없어 어린애 같다. : 孩子氣[孩子气](háiziqì)be childish
as a child.

153) 쓸모없는 사람: 窩囊[窝囊](wōnáng)A useless person

154) 엉뚱한 생각을 품다. : 想不開[想不开](xiǎngbùkāi)Have a wrong
idea

155) 누구와의 원한을 잊다. : 不記~ 的仇[不记~的仇](bù jì~de
chóu)Forget a grudge with someone

156) 누구의 머리꼭대기에 오르다. : 到~ 的頭上來[到~ 的头上
来] (dào~de tóushàng lái)get to the top of sb.'s head

157) 눈에 보이는 것이 없다. : 目中無人[目中无人] (mùzhōngwú
rén) behave superciliously

158) ~에게 두손들다. : 服了~ (fúle~) yield, give up

159) 서로 싸우다. : 互相爭鬥[互相争斗] (hùxiāng zhēngdòu)Fight each other

160) ~하는 셈치다. : 就算是~(jiùsuàn shì~) assume that

161) 말도 안되다. 혹은 영문을 모르다. : 莫明其妙(mò míng qí miào)Make no sense

162) 얼버무리다. : 說得很含糊[说得很含糊] (shuō dé hěn hán hú) speak vaguely

163) 내 마음속에서는: 在我心目中(zài wǒ xīnmù zhōng) In my heart

164) 누구를 위해 고려하다. : 替~著想[替~ 着想](tì~zhuóxiǎng) consider for sb.'s

165) 남의 웃음거리가 되다. : 被人笑話了[被人笑话了] (bèi rén xiàohuàle)be laughed at

166) 누구를 놀리다. : 拿~开玩笑[拿~開玩笑](ná~kāiwánxiào) Make fun of

167) 걸핏하면~하다. : 動不動就~[动不动就~](dòngbùdòng jiù~) be apt[liable, prone] to

168) ~를 위해 걱정하다. : 替~ 操心(tì~cāoxīn) worry for

169) 누구를 위해 억울함을 호소하다. : 替~討回公道[替~讨回公道] (tì~tǎo huí gōngdào) Appeal for injustice for someone

170) 몇 푼 때문은 돈을 위하여: 為了幾個臭錢[为了几个臭钱](wèi le jǐ gè chòu qián)for a few pennies

171) 누구의 사활에도 아랑곳 않다. : 連~ 的死活都不顾[连~ 的

死活都不顾](lián~de sǐhuó dōu bùgù)be indifferent to one's life and death

172) 머리 가득히~생각 밖에 없다. : 滿腦子是~[满脑子是~](mǎn nǎozi shì~)Full of head~I have only thoughts.

173) 모두가 다 그렇다. : 多半都是~ (duōbàn dōu shì~) mostly are

174) 일부러~인체하다. : 裝出~(zhuāng chū~) to pretend to be~ on purpose

175) 가장 잘하는(자신있는) : 最拿手的(zuì náshǒu de)best of all

4. 시제 · 경험 · 회한 등에 관한 표현 Expression about tense, experience, regret

176) 지금이 어느 때인데: 都什麼时候了[都什么时候了] (dōu shén me shíhòule) When are you~now?

177) 결국에는: 到頭來/結果[到头来/结果] (dàotóulái/jiéguǒ)Eventually

178) 필경 혹은 여하튼: 畢竟[毕竟] (bìjìng) anyway

179) 일시적인: 暫時[暂时] (zhànshí) temporary

180) ~가 다시 환생하다. :~的轉世[~的转世] (~de zhuǎnshì)be reincarnated, Reincarnate again

181) 늦어도: 最遲[最迟] (zuì chí) at the latest

182) 누구를 오래 기다리게 하다. : 讓~ 久等[让~ 久等] (ràng~ jiǔ děng) keep a person waiting long

183) 때를 맞추어: 正是時候[正是时候] (zhèng shì shíhòu) be on time

184) 임종할 시에: 臨終的時候[临终的时候](línzhōng de shíhòu) at one's last gasp

185) ~하자마자 바로~하다. : 一~, 就~ (yī~, jiù~)do as soon as

186) 금방~ 하였는데 바로~하다. : 剛~, 就~[刚~, 就~] (gāng~, jiù~) do it right away.

187) 지금에야 비로소: (現在)才[(现在)才] (xiànzài) cái at this very moment

188) 곧~ 할 것이다. : 快要~了(kuàiyào~le)Soon~ will.

189) 여지껏~한 적이 없다. : 從來沒有~[从来没有~] (cóngláiméi yǒu~) Never before.

190) 태어난 이래로 처음으로: 有生以來第一次[有生以来第一次] (yǒushēngyǐlái dì yī cì) For the first time since birth

191) 맨 마지막으로: 最後[最后](zuìhòu)last but not least, At the end

192) 무슨일에나 처음이 있다. :凡事都有第一次。(Fánshì dōu yǒu dì yī cì.)There is a first time for anything.

193) 우선 결론부터 말하다. ; 先把話說在前頭[先把话说在前头] (Xiān bǎ huàshuō zài qiántou) Start with a conclusion

194) 시간이 흐르면 자연히~하게 되다. : 時間久了, 自然就會~ [时间久了, 自然就会~](Shíjiān jiǔle, zìrán jiù huì~) As time passes, it naturally comes into being.

195) 일찍 혹은 미리: 提早/提前(tízǎo/tíqián) in advance

196) 지금부터: 從今以後[从今以后] (cóng jīn yǐhòu)from now on

197) ~할 때까지를 기다렸다가: 等到~时候(děngdào~shíhòu)Wait until

198) 벌써~해야 했었는데 : 原本應該[原本应该](yuánběn yìng gāi) should have already

199) 누구를 탓하다. : 怪罪~(guàizuì~) blame~

200) 누구의 탓으로 돌리다. ; 推到~的頭上[推到~的头上] (tuī dào~de tóushàng)put to a person's fault

201) 이럴줄 알았다면 애초에 그러하지 않았을 텐데: 早知如此, 何必當初。[早知如此, 何必当初。] (Zǎo zhī rúcǐ, hébì dāngchū) If I knew it, I wouldn't have done it in the first place.

202) 모두 저때문입니다. : 都是因為我。[都是因为我。] (Dōu shì yīnwèi wǒ.)It's all because of me

203) ~할 것은 모두다~해보다. : 嘗試一切辦法[尝试一切办法] (chángshì yīqiè bànfǎ)Try everything

204) 세상 물정을 두루겪다. : 見過世面[见过世面] (jiànguò shì miàn)Go through the world

205) 당신이 없었더라면(= 아니었으면) : 要是没有你(yàoshi méi yǒu nǐ) If it hadn't been for you,

206) 당신이 그언제라도 나를 필요로 하면: 無論何時, 如你有什麼 需要我的話, [无论何时, 如你有什么需要我的话,] (Wúlùn héshí, rú nǐ yǒu shé me xūyào wǒ dehuà,)If you need me anytime

207) ~하지 않았더라면: 要不是~ (yào bùshì~)If not, had it not

5. 사태·상황등에 관한 표현Expression about situation

208) ~의 아이를 임신하다. : 懷了~的孩子[怀了~的孩子](huáile ~de háizi)Conceive a child of

209) ~에게서 유전되다. : 遺傳自[遗传自~] (yíchuán zì)Inherited from

210) ~하면 할수록~하다. : 越~ 越~ (yuè~yuè~)the more~, the more~

211) 불상사가 생기다. : 發生不幸[发生不幸] (fāshēng bùxìng) have a mishap

212) 병이 차도가 있다. : 病好些了(bìng hǎoxiēle)be on the mend

213) ~에게 잘못이 있다. : 錯在~[错在~] (cuò zài~)be at fault with, have a fault with

214) 사적으로 혹은 개인적으로: 私下(sīxià)Personally

215) 복권에 당첨되다. : 中獎[中奖] (zhòngjiǎng) Win the lottery

216) 헛수고하다. : 白費勁兒[白费劲儿] (bái fèijìng er)Work in vain

217) 데모를 일으키다. : 發動示威[发动示威] (fādòng shìwēi) stage a demonstration

218) 가문이 몰락하다. ; 家道中落/家業衰敗[家道中落/家业衰败] (jiā dàozhōng luò/jiāyè shuāibài) one's family is ruined

219) ~이 부족하다. : 缺乏~ (quēfá~)Lack of

220) ~가 지나치다. : ~過了頭[~过了头] (~guòle tóu) go too far with

221) 한쪽으로 제쳐두다. : 擱在一邊[搁在一边] (gē zài yībiān) Set aside

222) ~으로 드러나다. ; 露出~ (lùchū~)turn out

223) ~함에 따라: 隨著~[随着~] (suízhe~)as per

224) 울음을 멈추지않다. : 哭個不停[哭个不停] (Kū gè bù tíng) don't stop crying

225) 상황을 보며 대처하다. : 見機行事[见机行事] (jiàn jī xíng shì)Cope with a situation

226) 아무리 말해도 못알아듣다. : 怎麼說也不明白[怎么说也不明白](Zěnme shuō yě bù míngbái)cannot understand~no matter how much~say.

227) 정말 묘하다. :真奇怪(zhēn qíguài)Really strange, really weird.

228) 반응이 없다. : 没回音(méi huíyīn) shows no response

229) ~의 치마아래에 무너지다. : 拜倒在~ 的石榴裙下(bàidǎo zài ~de shíliúqún xià)fall under the skirt of

230) 누구의 말대로 하다. : 照~的話去做[照~的话去做](zhào~ dehuà qù zuò)Do as someone says

231) ~이 뒤따르다. : 伴隨著~[伴随着~] (bànsuízhe~) be followed by

232) 큰코다치다. : 吃不了兜著走[吃不了兜着走](chī bù liǎo dōu zhe zǒu) pay dearly

233) 기왕~하는 마당에: 既然~(jìrán~) at a time when

234) 위험수위를 벗어나다. : 脫離險境[脱离险境] (tuōlí xiǎn jìng)
Get out of danger

235) 큰일나다. : 怎麽得了[怎么得了] (zěnme déliǎo) how can this
be?; what's to be done?; what an awful mess!

236) 생기가 없다. : 無精打采[无精打采] (wújīngdǎcǎi)Lifeless, look
glassy

237) 바람을 쇠다. : 透透氣[透透气](tòu tòuqì) let some air in.

238) 스스로 제발로 찾아들다. : 不請自來[不请自来] (bù qǐng zì
lái) Visit sb. by oneself

239) 어떻게 되겠죠, 뭘! : 该怎麽样就怎麽样[该怎么样就怎么样]
(gāi zěnme yàng jiù zěnme yang) What's going to happen?
or I'll figure it out.

240) ~인지경인데도 여전히~하다. : 即使~, 也~ (jíshǐ~, yě~)Even
though~~ still

241) 마침~하는 중이다. : 正在~(zhèngzài~) be just doing~

242) 확실히~하다. : 確實是~ [确实是~] (quèshí shì) make sure
(of something/that…), Definitely

243) 두눈을 뜬채: 眼巴巴/眼睜睜[眼巴巴/眼睁睁](yǎnbābā/yǎnzhēng
zhēng)with one eye open

244) 스스로~를 자초하다. : 自找~ [zì zhǎo~] self-inflicted, bring
to oneself

245) 과도하게~을 하다. : 過度[过度] (guòdù)Overdo

246) ~에 관계되다. : 關係到~[关系到~] (guānxì dào) Be concerned
with

247) ~을 감안하여: 看在~的份上(kàn zài ~de fèn shàng)In view of

248) 고생하다. : 受累(shòulèi) Is suffering

249) ~을 고려하여: 出於~的考慮[出于~的考虑](chū yú ~de kǎo lǜ)In view of

250. 작용을 끼치다. : 影響[影响] (yǐngxiǎng) an influence (on/ over), have an effect (on)

251) ~의 구석이라곤 조금도 없다. : 哪裡還有一點~的樣子![哪里还有一点~的样子!](Nǎlǐ hái yǒu yīdiǎn ~de yàngzi!) there is not a vestige

252) 자그마치: 至少(zhìshǎo) no less than

253) 평상시대로: 照常zhàochángAs usual

254) 무슨 영문인지: 不知為什麼[不知为什么] (bùzhī wèishéme)for some unknown reason

6. 대인관계나 접대적 표현 Interpersonal or entertaining expressions

255) 실례지만 먼저 일어나겠습니다. : 先走了/失陪了(Xiān zǒule/ shīpéile)Excuse me, but I'll leave first.

256) 충심으로: 由衷/衷心(yóuzhōng/zhōngxīn) from the bottom of one's heart

257) 그런데 저는요: 而我呢/至於我呢[而我呢/至于我呢] (ér wǒ ne/zhìyú wǒ ne)But for me.

258) 사정 얘기하다. ; 說情[说情](shuō qíng)tell one's story, ask for

259) 누구에게 잘대해주다. : 對~不薄[对~不薄](duì~bù báo)Treat well

260) 누구에게 진심으로 대하다. : 真誠對~[真诚对~](zhēnchéng duì~)Treat someone sincerely

261) 당신 덕분입니다. : 多虧你[多亏你](duōkuī nǐ)it is thanks to you

262) 당신 말을 듣고보니: 聽了你的話[听了你的话] (tīngle nǐ de huà)Now that you mention it,

263) 괜찮으시다면: 如果方便的話[如果方便的话](rúguǒ fāngbiàn dehuà)If you're okay

264) ~를 모시다. : 請~來[请~来] (qǐng~lái) send for sb to (do sth).

265) 모두 제게 맡기세요. : 一切交給我辦[一切交给我办] (Yīqiè jiāo gěi wǒ bàn) Leave it all to me

266) ~에게 지도를 구하다. : 向~請教[向~请教](xiàng~qǐngjiào) seek guidance from

267) 누구와 아직 할 말이있다. : 跟~ 還有話要說[跟~ 还有话要说](gēn~hái yǒu huà yào shuō)still have something to talk to

268) 관상쟁이가 말하길: 算命的說[算命的说] (suànmìng de shuō) The ornamental man said

269) 무슨 띠 입니까? : 你屬什麼?[你属什麼?](Nǐ shǔ shénmó?) What's your zodiac sign?

270) ~에게 누를 끼치다. : 連累~[连累~](liánlèi~) [cause] trouble to someone

271) ～도 연루가 되다. :～也受牽連[～也受牽连] (～Yě shòu qiānlián) Become involved

272) ～와 헤어지다. : 吹了/分手/分開[吹了/分手/分开] (chuīle/fēn shǒu/fēnkāi)Break up with

273) 할 말이 있다. : 有話要說[有话要说] (yǒu huà yào shuō)have something to say

274) 누구를 데리고가서～를 보여주다. : 带～去看～(dài～qù kàn ～)Take someone and show

275) ～에게 맡기다. : 包在～的身上(bāo zài～de shēnshang)Leave to

276) 누구와 함께～날을 보내다. : 與～ 共度～[与～共度～] (yǔ～ gòngdù～)Spend～with someone

277) 당신을 두고 말하다. : 我說的是你[我说的是你] (Wǒ shuō de shì nǐ) talk about you

278) ～에게 상을 찌푸리다. : 給～臉色看[给～脸色看](gěi～liǎnsè kàn)make a wry face at

279) 할말이 있으면 천천히 말하세요! : 有話慢慢說![有话慢慢说!](Yǒu huà màn man shuō!) If you have something to say, speak slowly

280) 말을 터놓고 하다. : 坦白說[坦白说](tǎnbái shuō)speak frankly

281) 사실대로 말해: 說實話[说实话](shuō shíhuà)Tell the truth

282) 모두～ 덕분이다. : 全靠～ (quán kào～)All thanks to

283) ～의 요구를 만족시키다. : 滿足～的要求[满足～的要求](mǎn zú～de yāoqiú)Satisfy the demand of

284) ~의 요청에 응하여: 應~的邀請[应~的邀请](yīng~de yāo qǐng)At the request of

285) ~에게 부탁하다. : 託付给~[托付给~]tuōfù gěiAsk for

286) 우리 사이에 그런 말을 하다니요! : 你跟我還說這些嗎?[你跟我还说这些吗?] (Nǐ gēn wǒ hái shuō zhèxiē ma?) Saying that between us!

287) 정말 수단이 좋군요. : 真有兩下子[真有两下子] (Zhēn yǒu liǎngxiàzi)You really have a good ability.

288) 원 별말씀을요! : 看你说的! (Kàn nǐ shuō de!)Don't mention it!

289) 당신 마음 다알아요! : 你在想什麼我都知道![你在想什么我都知道!] (Nǐ zài xiǎng shénme wǒ dū zhīdào!) I know your heart!

290) ~에게 폐를 끼치다. : 給~帶來麻煩[给~带来麻烦] (gěi~dài lái máfan)Cause trouble to

291) 당신의 말에 따르면: 照你這麼說[照你这么说](zhào nǐ zhème shuō)According to you

7. 권유 · 명령 · 반어법적 표현 Solicitation, order, or ironic expression

292) 무슨말을 하는거요! : 你說到哪兒去了![你说到哪儿去了!] (Nǐ shuō dào nǎ'er qùle!) What are you talking about?

293) ～할만한 것이 어디있겠어요? : 还有什麼可～? [还有什么可～?] (Hái yǒu shé me kě～?)What else can～? There is nothing to～.

294) ～해보지 그래요! : 何不～/為什麼不[何不～/为什么不] (hébù ～/wèishéme bù)Why don't you～?

295) 꿈깨시오! : 別作夢![别作梦!] (Bié zuò mèng!) Don't daydream.

296) 어서～ 하지않고 뭘해! : 還不趕緊～[还不赶紧～](hái bù gǎnjǐn～) Why don't you～immediatly?

297) 좀 그만 말해! : 住嘴! (zhù zuǐ!) Stop it!

298) 한번 시험 해보세요! : 試一試![试一试!] (shì yī shì!) Give it a try!

299) ～이 아니겠는가? : 不就～嗎? [不就～吗?] (bù jiù～ma?) Wouldn't it be～?

300) ～하는 것 좋아하네! : 你喜歡做～![你喜欢～!] (Nǐ xǐhuān zuò～!)You like to do～!

301) 뭐그리 대단해! : 有什麼了不起![有什么了不起!] What's so great about that?

302 당신도 생각을 좀해보세요! : 你也不想想! (Nǐ yě bùxiǎng xiǎng!)Think about it, too!

303) ~할 마음이 어디있겠어요? : 哪有心思去~ ?(Nǎ yǒu xīnsī qù~?) What's your heart to do?

304) 제가 무슨 잘못을 했어요? : 我什麼地方得罪你了?[我什么地方得罪你了?] (Wǒ shénme dìfang dézuì nǐle?) Did I do something wrong?

8. 보어용법적 표현complement usage expression

305) 많이 벌지도 못하면서 많이쓰다. : 賺得不多, 花得卻不少。[赚得不多, 花得却不少。] (Zhuàn dé bù duō, huā dé què bù shǎo.) Spend a lot without earning much

306) 용납하지 못하다. : 容不得(róng bùdé) Cannot tolerate

307) 아무도 못말리다. : 誰也說不動[谁也说不动](shuí yě shuō bu dòng)nobody can stop

308) 공부가 머리에 들어오지 않다. : 心不在焉(xīnbùzàiyān)be absent from one's mind

309) 사람을 잘못보다. : 看錯人[看错人] (kàn cuò rén) got the wrong person.

310) 마음을 차분히 가라앉히다. : 冷静下来(lěngjìng xiàlái)calm[compose] oneself

311) 그럭저럭 괜찮다. : 可以了。(Kěyǐle.) It's all right.

312) 남부끄러운 일: 見不得人的事[见不得人的事] (jiàn bùdé rén de shì) disgrace

313) 땅에 온통 엎지르다. : 灑得滿地都是[洒得满地都是] (Sǎ dé

măn dì dōu shì) Spill all over the ground

314) 훌륭히 잘하다. : 搞得有聲有色[搞得有声有色] (găo dé yŏu shēngyŏusè) Do well

315) 보고 알아서 처리하다. : 看著辦[看着办] (kànzhe bàn) see and take care of

316) 조금만 참다. : 忍著點[忍着点] (rěn zhuó diăn) Bear a little

317) ~의 기회를 이용하여: 趁著-/抓緊--機會[趁着~/抓紧~机会] (chènzhe~/zhuājĭn~jīhuì)Take advantage of

318) ~을 근거로: 憑著/根據[凭着/根据] (píngzhe/gēnjù) Based on

319) 해를 입혀 죽이다. : 害死(hài sĭ) Injure and kill

320 ~를 건드리지 못하다. : 得罪不起~ (dézuì bù qĭ~) can't bother

321) 울음을 멈추지 않다. : 哭個不停[哭个不停](kū gè bù tíng)do not stop crying

322) 늙어죽지도 않는: 永不死/老不死(yŏng bùsĭ/lăo bùsĭ) never die

323) 짊어질 수 있다. : 頂得住[顶得住] (dĭng dé zhù) can carry

324) 깨닫게 되다. : 意識到/想通了[意识到/想通了](yìshí dào/xiăng tōngle) Come to realize

325) 만나게 되다. : 遇到(yù dào)Meet

326) 알아차리다. : 注意(zhùyì)Notice

327) ~이 아닐수 없다. : 免不了(miănbule) cannot be more than

328) 차마~하지 못하다. : 不能~ (bùnéng~)can't do

329) 속으로 억지로 누르다. : 憋住(biē zhù) force into

330) 만회하지 못하다. : 挽回不了(wǎnhuí bùliǎo)Fail to retrieve

331) ～할 만한: 值得～ (zhídé～)～worthy of

332) 정신을 진작시키다. : 振作起來[振作起来] (zhènzuò qǐlái) Boost the mind, boost one's spirits

333) 어쩐지～하더라. : 怪不得(guàibùdé)No wonder～

334) 꼭～는아니다. : 不見得/不一定[不见得/不一定] (bùjiàn dé/bù yīdìng)not necessarily

335) 이미 때가 늦었다. : 來不及[来不及] (láibují) It's too late

336) 대단하다. : 了不起(liǎobùqǐ) Awesome

337) 대단하지 않다. : 算不了什麼[算不了什么] (suàn bùliǎo shén mó)Not great

338) 봐줄만 하다. : 說得過去[说得过去](Shuōdéguòqù)be tolerable

339) ～하여～을망치다. :～壞了[～坏了] (～huàile) to spoil some thing by doing

340) 헤쳐나가다. : 順利通過/順利度過[顺利通过/顺利度过] (shùnlì tōngguò/shùnlì dùguò) win through[out]

341) 설명할 수가 없다. : 無法解釋[无法解释] (wúfǎ jiěshì)Can't explain

9. 문어체적 표현literary(written) expression

342) 본론으로 돌아가서 말하자면: 言歸正傳/話說回來[言归正传/话说回来] (yánguīzhèngzhuàn/huàshuō huílái) Back to the point

343) ~으로~를 삼다. : 以~作為[以~作为] (yǐ~zuòwéi) make

344) 운명이 다하다. : 氣數已盡[气数已尽] (qìshu yǐ jìn) Run out of destiny

345) 제가 보기에는: 依我看來[依我看来](yī wǒ kàn lái)To me

346)~을 맞이할 때마다: 每逢(měi féng)Every time

347) 사실대로: 實際上[实际上] (shíjì shang) As a matter of fact

348) 어찌할 도리가 없어: 出於無奈[出于无奈] (chū yú wúnài) could hardly do otherwise

349) 어려움을 알고 물러서다. :知難而退[知难而退] (zhī nán ér tuì) Back off with difficulty

350) 모두가 진실이다. : 句句實言[句句实言](jù jù shí yán)All is true

351) 일리가 있다. : 在情理之中/有道理(zài qínglǐ zhī zhōng/yǒu dàolǐ)Make sense

352) 생각건대 반드시: 想必(xiǎngbì) I thinkfor sure

353) 하루하루 악화되다. : 一天不如一天(Yītiān bùrú yītiān) Get worse day by day

354) 세태가 갈수록 악화하다. : 世風日下[世风日下] (shìfēng rì xià) the world gets worse day by day

355) 밤새 돌아오지 않다. : 一夜未歸/徹夜不歸[一夜未归/彻夜不归] (yīyè wèi guī/chèyè bù guī) Not return overnight

356) ~의 탓으로 돌리다. : 歸咎於[归咎于] (guījiù yú) fix the blame on

357) ~의 공으로 돌리다. : 歸功於[归功于] (guīgōng yú) give

credit to

358) 무슨말부터 해야할지 혹은 어떻게 말을 해야할지: 從何說起
[从何说起] (cóng hé shuō qǐ) How to talk, don't know what
to say.

359) 말하자면 이야기가 길어지다. : 說來話長[说来话长] (shuō lái
huà zhǎng)The story is long

360) ~으로 이름이 나있다. : 以~見稱/因...出名[以~ 见称/因...出
名] (yǐ~jiàn chēng/yīn... Chūmíng)be famous for

361) ~으로 위주로 삼다. : 以~ 為主[以~为主] (yǐ~wéi zhǔ) ma
ke a focus on

362) ~할 때까지: 到~為止[到~为止] (dào~wéizhǐ)Until

363) 하늘도 눈이있어: 老天有眼(lǎo tiān yǒu yǎn)The sky has
eyes.

364) 하늘도 무심하시지! : 上天無眼[上天无眼] (shàngtiān wú yǎn)
Even the sky is indifferent

365) 바로 이순간: 此时此刻(cǐ shí cǐkè)This moment

366) 예상을 벗어나다. : 出乎意料(chū hū yìliào) Exceed expecta
tions

367) ~에서 오다. : 來自[来自] (láizì)from

368) 도처에 깔려있다. : 到處都是[到处都是](dàochù dōu shì)Spread
everywhere

369) 어찌~일뿐이리오! : 豈止[岂止] (qǐzhǐ)More than

370) ~가 권한을 지다. : 由~作主(yóu~zuò zhǔ)Authorized by

371) 어찌~하였으리오! : 何嘗(何尝) (hécháng) how can it be that...

372) ～가 아는 바에 의하면: 據～ 所知[据～ 所知] (jù～suǒ zhī) as far as .. knows

373) 결국～에 이르다. : 以至於～[以至于～] (yǐ zhìyú～)come to ～after all

374) 그에 따라서: 然後[然后] (ránhòu) then

375) 원인을 알아보다. : 究其原因(jiū qí yuányīn)Find out the cause

376) ～에 힘입어: 承蒙～ (chéngméng～)be granted a favour

377) 끝없이～하다. :～不已(～bùyǐ)Endlessly

378) ～을 이길 길이 없다. : 不勝～[不胜～] (bùshèng～)can not control

379) ～을 금할 길없다. : 不禁～ (bùjīn～)can notcontrol

380) ～을 면할 수 없다. : 不免～ (bùmiǎn～)cannot escape

381) ～인 것이 부끄럽지 않다. : 不愧～ (bùkuì～)It is not ashamed to be

382) ～에는 이르지 않았다. : 不至於～[不至于～](bù zhìyú～) not reach

383) 자손을 끊다. : 斷子絶孫[断子绝孙] (duànzǐjuésūn)Cut off offspring

384) 조금도 아는 바가 없다. : 一竅不通[一窍不通] (yīqiàobùtōng) don't know anything

385) 자기나름의～가 있다. : 自有～ (Zì yǒu～) There is one's own way.

386) ～로 가는길: 通往～之路(tōng wǎng～zhī lù)Road to

387) 상례에 따르면: 按照常例(ànzhào chánglì) According to the convention

10. 동사+ 명사조합형표현 Verb + noun combinationexpr ession

388) 센세이션을 일으키다.(혹은 물의를 빚다.): 引起+轟動[引起+ 轰动](yǐnqǐ +hōngdòng)create[cause] a sensation

389) 기록을 세우다. : 創下+記錄[创下+记录](chuàngxià +jìlù)Set a record

390) 영향을 받다. : 受(到) + 影響[受(到) + 影响](shòu (dào) + yǐngxiǎng)influenced[affected] by

391) 국면을 지키다. : 保持+ 局面(bǎochí + júmiàn)be on the right track

392) ~의 가능성을 배제하다. : 排除+~可能(páichú +~kěnéng) Rule out the possibility of

393) 수속을 밟다. : 辦理+ 手續[办理+ 手续](bànlǐ + shǒuxù)Go through a procedure

394) 요구(조건)를 제시하다. : 提出+ 要求/條件[提出+ 要求/条件] (tíchū + yāoqiú/tiáojiàn)Present a requirement

395) 해를 끼치다. : 造成+ 傷害[造成+ 伤害](zàochéng + shāng hài)Do harm

396) 사건이 발생하다. : 發生+ 事故[发生+ 事故] (fāshēng + shìgù)An incident occurs

397) 곤경에 빠지다. : 陷入+ 困境(xiànrù + kùnjìng)Get into trouble

398) ~현상이 드러나다. : 出現+~現象[出现+~现象](chūxiàn +~ xiànxiàng)A phenomenon appears

399) 의견을 제공하다. : 提供+ 意見[提供+ 意见] (tígōng + yìjiàn)

Provide opinion

400) 회의를 거행하다. : 擧行+ 會議[举行+ 会议](jǔxíng + huìyì)
Hold a meeting

401) 불만(만족)을 표시하다. : 表示+ 不滿(滿意) [表示+ 不满(满意)]
(biǎoshì + bùmǎn (mǎnyì)express dissatisfaction (satisfaction)

402) 요구에 응하다. : 應+ 要求[应+ 要求] (yīng + yāoqiú) Meet
the demand

403) 의견을 받아들이다. : 接受+ 意見[接受+ 意见] (jiēshòu +
yìjiàn)Accept opinion

404) 경지에 도달하다. : 達到+高度/地步[达到+ 高度/地步](dádào
+gāodù/dìb)Reach a height

405) 소식을 접수하다. : 接到+ 消息(jiēshōu +xiāoxī)Receive news

406) ~처지에 이르다. : 遭到+~際遇[遭到+~际遇] (zāo dào +~
jìyù) be in a position to

407) 호평을 얻다. : 獲得+好評[获得+ 好评] (huòdé +hǎopíng)gain
popularity

408) ~의 맛을 보다. : 嘗到+~滋味[尝到+~滋味] (cháng dào +
~zīwèi) experience or have a taste (of)

409) 요구(수요)를 만족시키다. : 滿足+ 要求/需要)[满足+ 要求/需
要)] (mǎnzú + yāoqiú/xūyào) Satisfy demand

410) 성과를 얻다. : 取得+ 成果(qǔdé + chéngguǒ) Get results

411) 견해를 표하다. : 發布+ 意見[发布+ 意见](fābù + yìjiàn)
Express an opinion

412) 회의에 참가하다. : 參加+ 會議[参加+ 会议] (cānjiā + huìyì)

Attend a meeting

413) ~를 참관하다. : 參觀+~地方[参观+~地方] (cānguān +~ dìfāng) visit, observe (in person),

414) 뉴스를 보도하다. : 報導+ 新聞[报导+ 新闻] (bàodǎo + xīn wén)Report the news

415) 프로그램을 사회(진행)하다. : 主持+ 節目[主持+ 节目](zhǔ chí + jiémù)run off the events

416) ~프로그램을 관람하다. : 收看/觀看) +~節目[收看/观看) + ~节目] (shōukàn (guānkàn) +~jiémù) Watch a program

417) ~프로그램을 청취하다. : 收聽+~節目[收听+~节目](shōu tīng +~jiémù)Listen to a program

418) 인상을 남기다. : 留下+ 印象(liú xià + yìnxiàng)Leave an impression

419) 대가를 지불하다. : 付出+ 代價[付出+ 代价](fùchū + dàijià) Pay for

420) ~역할을 맡다. : 扮演+~角色(bànyǎn +~juésè)Take on a role

421) ~임무를 맡다. : 承擔+~任務[承担+~任务](chéngdān +~ rènwù)Take on a mission

422) ~작용을 끼치다. : 起(到) +~作用(qǐ (dào) +~zuòyòng) have an effect on

423) 다리를 놓다.(교량 역할을 하다.) : 搭起+ 橋樑[搭起+ 桥梁] (dā qǐ + qiáoliáng)build a bridge

424) 조치를 취하다. : 採取+ 措施[采取+ 措施] (cǎiqǔ + cuòshī) take action

425) ~일에 종사하다. : 從事+~行業[从事+~行业](cóngshì +~ hángyè)Engage in

426) 요구에 부합하다. : 符合+ 要求(fúhé + yāoqiú)Meet demand

427) 효율을 높이다. : 提高+ 效率(tígāo + xiàolǜ)Increase effici ency

428) ~상처를 무마시키다. : 撫平+~創傷[平抚+~创伤](fǔ píng + ~chuāngshāng)smooth out the damage

429) 책임을 지다. : 負+ 責任[负+ 责任](fù + zérèn)Take respon sibility

430) 협의에 도달하다. : 達成+ 協議[达成+ 协议] (dáchéng + xiéyì)Reach a consultation

431) 부담을 감소시키다. : 減輕+ 負擔[减轻+ 负担](jiǎnqīng + fùdān)Reduce the burden

432) ~냄새로 충만하다. : 充滿+~味道[充满+~味道](chōngmǎn +~wèidào)be full of smell

433) ~일을 진행하다. : 進行+~工作[进行+~工作] (jìnxíng +~ gōngzuò)progress task

434) ~기회를 놓치다. : 錯過+~機會 [错过+~机会](cuòguò +~ jīhuì)Miss an opportunity

435) ~관계를 유지하다. : 維持+~關係[维持+~关系](wéichí +~ guānxì)Maintain a relationship

436) 기초를 닦다. : 打好/奠定+ 基礎[打好/奠定+ 基础](dǎ hǎo/ diàndìng + jīchǔ)improve basis

437) 실력을 발휘하다. : 展示實力[展示+ 实力] (zhǎnshì shílì)show

one's ability

438) 추세를 보이다. : 呈現+趨勢[呈现+ 趋势]Show a trend

439) 준비를 하다. : 做好+ 準備[做好+准备] (zuò hǎo +zhǔnbèi) Prepare

440) 위험에서 벗어나다. : 脫離+險境[脱离+ 险境] (tuōlí +xiǎn jìng)escape danger

441) 위기에 직면하다. : 面臨+ 危機(面临+ 危机) (miànlín + wéijī) come upon a critical period

442) 행동을 개시하다. : 展開+行動[展开+ 行动] (zhǎnkāi +xíng dòng) start action

443) 반응을 보이다. : 做出+ 反應[做出+ 反应](zuò chū + fǎn yìng)react, respond

444) 호의를 져버리다. : 辜負+ 好意[辜负+ 好意](gūfù + hǎoyì) betray one´s goodwill,

Byeonggyu, Choi(崔炳圭, 최병규) ————————————

Professor/ National Andong University(國立安東大學)
Department of Chinese Language and Literature
Humanities and Arts College

*B.A., Department of Chinese Language, Hankuk University of Foreign Studies (韓國外國語大學校) (Seoul, Korea)
*M.A., Department of Chinese Literature, National Taiwan Normal University (國立臺灣師範大學)(Taipei, Taiwan)
*Ph.D., Department of Chinese Literature, National Taiwan Normal University (國立臺灣師範大學) (Taipei, Taiwan)

Author Byeonggyu Choi(최병규) was a visiting scholar(2010.7~2011.7) at the East Asian Institute of the University of Oregon, USA, and recently has taught Korean and Chinese as a visiting professor(2019.7~2020.8) at the Faculty of Languages and Literature at the University of Granada, Spain, and is currently a professor(1995~) at National Andong University in the Department of Chinese Language and Literature.

E-mail: bgchoi@andong.ac.kr

기초 영어
중국어
한국어
비교 학습서

초판인쇄 2021년 2월 26일
초판발행 2021년 2월 26일

지은이 최병규
펴낸이 채종준
펴낸곳 한국학술정보㈜
주소 경기도 파주시 회동길 230(문발동)
전화 031) 908-3181(대표)
팩스 031) 908-3189
홈페이지 http://ebook.kstudy.com
전자우편 출판사업부 publish@kstudy.com
등록 제일산-115호(2000. 6. 19)

ISBN 979-11-6603-315-5 13740